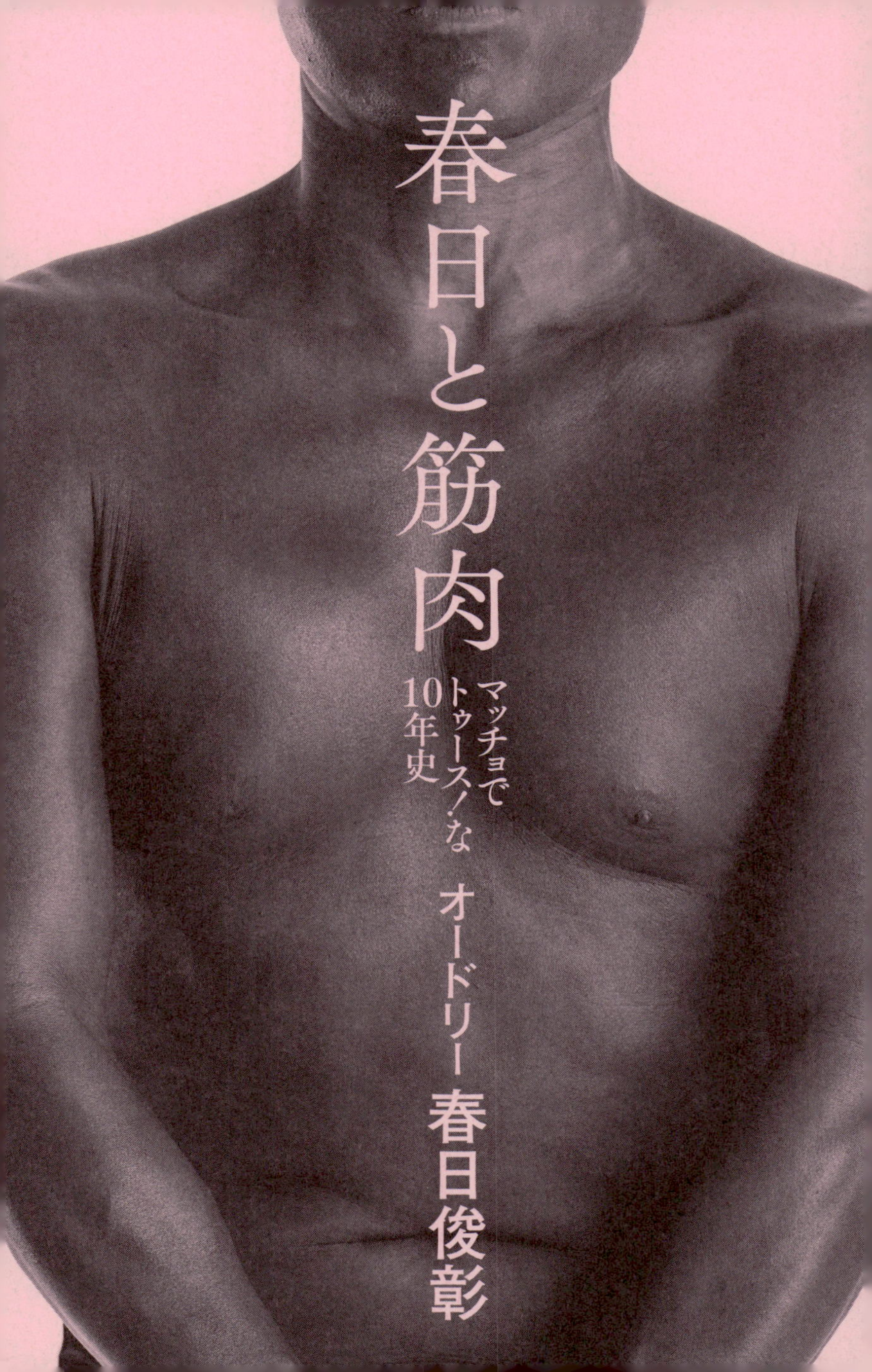
春日と筋肉
マッチョでトゥース!な
10年史
オードリー春日俊彰

KASUGA
&
MUSCLE

目次

第1章 春日、ボディビルダーになる

第2章 春日の仕事論

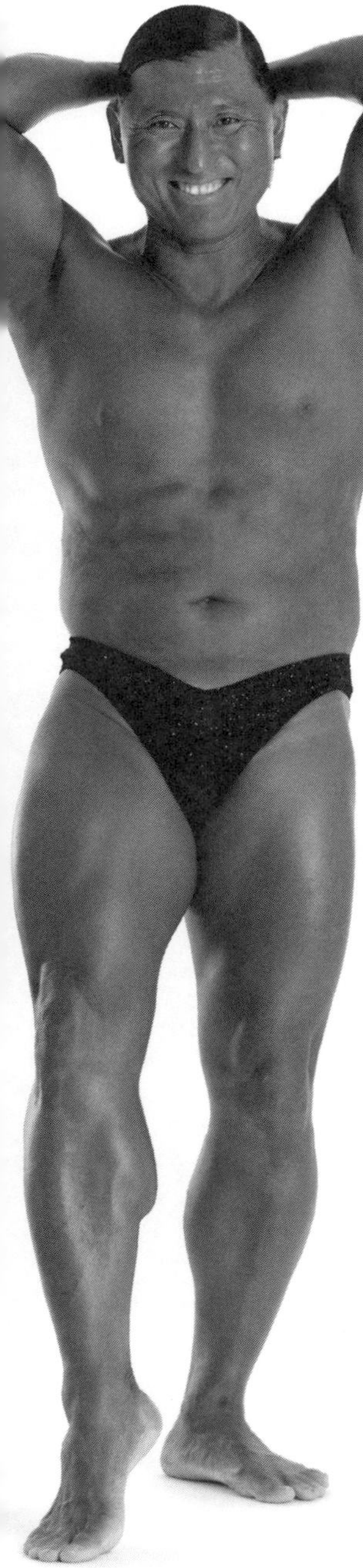

第3章 筋肉芸人交遊録

目次

目次

第5章 春日、父になる

第6章 人間・春日俊彰

まえがき

春日は何かを始めると、簡単にやめられなくなってしまう人間だ。学生時代の部活にしろアルバイトにしろ、段々行けなくなっていき、フェードアウトしてしまったことはあったが、自分から先輩や上司に「今日でやめます」と申し出たことは一度もないと思う。

やめ方がよくわからないというか、何かをバツン！と終わらせることがどうも苦手なのだ。飲み会でもそうだ。だいたい春日は、始まって1時間くらいすると帰りたくなるのだが、「このあたりで失礼します」という言葉をなかなか口に出せない。いつも誰かが「そろそろ締めましょうか」と言い出すまでは、帰ることができない。

これは飲み会以外でも同じだ。そのあとに予定が入っている場合は別だが、明確な理由がないにもかかわらず自分だけが先に帰るということが、何だかすっきりしないのだ。

春日が初めてボディビルのコンテストに出場したのは2014年5月。コンテスト出場に向けてトレーニングを開始したのがその前年、2013年の春。芸歴の半分ほどの時間を、トレーニングと共に過ごしたことになる。

これほど長く続けているのに、トレーニング自体はまったく楽しくない。初めは楽しくなかったとしても、1年ほど続ければ楽しくなってくると聞いていたのだが、10年以上続けてもまったくそんなことはない。

もはや歯を磨くことと同じような感覚だ。歯磨きに楽しさを感じる人は少ないと思う。

だからといって、歯を磨かないと口の中が気持ち悪い。また、人と会う際のマナー、エチケットとしても歯を磨くことは生活していく上で、やりたい、やりたくないではなくやらなければいけないものだ。春日にとってトレーニングとは、そのようなものなのである。

トレーニングを続けていると、よく「真面目だ」や「ストイックですね」など言われるが、そうではない。やめ方がわからないだけだ（苦笑）。

しかし、トレーニングを続けていると、必ず良いことがある。体を鍛えることで、それが仕事につながっている。トレーニングをしていなければ、東京ドームでプロレスの試合をすることもなかったと思う（２０２４年2月18日、「オードリーのオールナイトニッポンin東京ドーム」にてvs.フワちゃん）。そして何より、我が子と共に遊んでいて、春日のほうが先に疲れてしまうということがない。

　だからトレーニングは好きではないが、続けている。これらもやめない理由となっていると思う。

　トレーニング雑誌『IRONMAN《アイアンマン》』で、そんなやめられない日々のことをつづっていたら、その連載がこのたび一冊の本になった。トレーニングには明確なゴールがなく、ゴールがないからこそ続けられている。ジム通いをやめて、せっかくつけた筋肉がなくなってしまうことももったいない。

　ごちゃごちゃ言っているが、おそらく、トレーニングというものは、春日の性分に合っている。やめ方がわかるその日まで、これからもずっと続けていくのだろう。

オードリー・春日俊彰

第1章 春日、ボディビルダーになる

「ボディビル」に調教されて

2014年5月4日のこと、1年のトレーニング期間を経て、東京オープン（現・東京ノービス）ボディビル選手権大会（＊1）に臨むことになった。春日がエントリーしたのは75kg超級で、大会2週間前の段階で79・2kg。体としてはまだまだゆるく、この状態のままボディビルの舞台に上がるわけにはいかなかった。

大会直前になって、そこから筋肉を大きくするのは無理だ。できることといえば、脂肪を落として筋肉のカットをよく見せる、いわゆる〝絞る〟ことくらいである。つまりこの先必死に取り組むべきは〝減量〟ということだ。「あと2週間」というゴールも見えていましたからな。何か食べたいものがあっても、別に一生食べられないわけではない。2週間後には食べられるわけである。だったら、今食べなくてもいいだろうと。

そして、これは趣味ではなく〝仕事〟だという気持ちもあった。ボディビルにかかわらず、春日はこういう体を張った仕事が多い。これでメシを食っているのに、どうしてゆるい体で出ることができるのだと。

また、驚かせたいという気持ちもあった。大会の5日ほど前にポージングの練習をしたときに、師匠の鈴木雅《まさし》さん(*2)からは「あと2kgほど絞りましょうか」と言われたので、「じゃあ、絞ってやろうじゃあありませぬか」と(笑)。「やっぱり無理でしたね」とは言われたくない。

さらに、こういうときに限って、大会直前に〝食べるお仕事〟が入ったりする。大会前最後の1週間に3回ありましたからな。逆にこれで燃えましたわ(苦笑)。たまにあるのだ、仕事が立て込むときが。以前、朝から収録があって、その日の夜中にラジオをやり、2時間ほど寝たのち、東京マラソンを走り、そのあと特番の収録があるということがあった。最初このスケジュールを聞いたときは「これはキツいぞ」と思ったのだが、やってみると「この疲労感たまらんねぇ〜。一生寝なくても良いかもしれん!!」と思った(笑)。もしかすると、ランナーズハイみたいな感じで〝仕事がつながってるハイ〟になっていたのかもしれない(苦笑)。

最後の絞り込みは、なんであろう……、つらいけれども、心のどこかで楽しみ

ながらやっている部分もあった。〝ストイック〟と呼ばれるものとは、また違うような気がする。おそらく〝耐えている自分〟が好きなんでしょうな。

すると、大会前日の夜に体重を量《はか》ったら73・4kgまで落ちていて、結果的にリミット体重の75kgを下回るという（苦笑）。この2週間で、トレーニングや食事内容を特に変えたわけではなかったけれど。春日の中で何が起こったのだろう？謎ですな。

当日は自宅を出る前に白米を食べ、1回目の軽量は74・3kg。しかし、75kg超級に出場するので、75kg以上体重がないと出られない。減量し過ぎてしまったと焦った春日は、体重計の横で白米、バナナ、水をガブ飲みするなどしてなんとか75・2kgまで増やし、2度目の計量でぎりぎりクリアできた。

刺激なしには生きられない体

結果は8人中7位で、決勝に進むことは叶《かな》わなかった。自分自身をあそこまで磨いて、大勢のお客さんたちの前に裸で出て会場を盛り上げる。これにはほかでは得られない快感、興奮があった。この瞬間のためだけに1年間がんばることができるな、と思いましたな。ごまかしは利かない。ボディビルでは、1年間の積み重ねが体にすべて出てしまうわけだから。

だから春日も、この1年間のことを審査委員のみなさまに判断されて、8人中7位という成績になったのだろうなと。結果については「そんなはずはない！」とは思わなかった。これまで挑戦してきたほかのスポーツよりも、すんなりと受け入れられた。こつこつとトレーニングを続けられた1年間ではなかったから。そういった意味では、悔しさはない。順当な結果だと思う。

聞くところによると、絞ったあとにトレーニングをすると筋肉がより大きくなるらしい。そういったことを知ってしまうと、ここでやめるのはもったいない。春日は元来、なんでも「もったいない」と思うタイプだ。今はより筋肉を成長させるためのクーポンをもらったような感覚だ。これを使わないのはもったいない。

もう、普通の生活に戻れなくなるかもしれない。ボディビルへの挑戦では〝非日常〟を味わえた。ボディビルによって、刺激なしでは生きられない体にさせられたかもしれないですな（笑）。

〈2014年7月〉

＊1　東京オープン（現・東京ノービス）ボディビル選手権大会：2024年5月開催で第32回となる大会。元々は新人戦としてスタートしたが、現在では新人戦を超えるレベルに到達。2021年より「東京オープン」から「東京ノービス」へと大会名を変更。主催は東京ボディビル・フィットネス連盟。

＊2　鈴木雅さん：1980年生まれ。21歳でボディビルデビュー。2010年から2018年まで日本ボディビル選手権大会9連覇を達成。2016年にはIFBB世界選手権80kg級で優勝。世界王者となる。

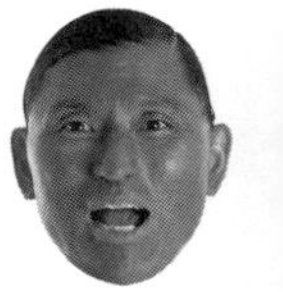

もうボディビル側の住人？

俳優の山下真司さんに「もっと胸の筋肉をつければ良かったのに」と声をかけていただいた。どうやら春日がコンテストに出場した際の写真をご覧になっていただいたようで、そのような声をかけていただけるのは春日にとってもうれしい限り。

山下さんもドラマ『スクール・ウォーズ』（＊3）などに出演されていたころ、かなり鍛えられていたとのこと。当時はまだ都内にもあまりジムがない時代。山下さんは旧・国立競技場のトレーニング室で2時間ほどトレーニングを行なって、その後さらに走っていたらしい。そのトレーニング室には松田優作さんなど、そうそうたる方々が通われていたようである。

このように山下さんからアドバイスをいただけるのも、春日がボディビルの大会に出たから。これが「肉体改造を始めました」「いい体になりました」というだけだったら、また違った反応になっていたかもしれない。大会に出て良かった

と改めて思う。

食生活もガラリと変わった。今では牛丼やカレーを一杯丸々食べ切ることはなくなった。「全部食べたらヤバイのじゃないか?」という気持ちによってスプーンや箸を持つ手を自然と止めるようになった。はっきりと「気をつけている」という意識はないが、そのような体になってしまった。

ラーメン屋さまに行ったときもそう。つけ麺で「並」「大盛り」「特盛り」が同一料金の場合、そのお得感から、以前の春日は自動的に「特盛り」を選んでいた。でも今は迷うことなく「並」を注文している。

以前より「腹をいっぱいにしたい」という欲求がなくなった。「ラーメンを食べた」「カレーを食べた」という事実が欲しいのだ(苦笑)。その「食べた」という事実だけで満足してしまう。

昼の収録現場にはササミを携帯する

夜は炭水化物を摂《と》っていない。炭水化物を食べるのは朝と昼だけ。夜に炭水化

物を食べると体に脂肪がつきやすくなる。そういうことを知ってしまったものだから、わざわざ食べようという気が起こらない。夜に食べられなくても、寝て、朝になったら食べられるわけだから。

昼は楽屋で弁当を食べることになる。この弁当も、特に食べたいから食べているわけではない。それしか食べるものがないから、食べているだけだ。「他に食べるものがないから食べる」というのも、なんだか筋肉にとってもったいないことをしているような気がしてならない。

夜は炭水化物以外は好きなものを食べている。そうなると、一日の食事を足し算と引き算で考えた場合、自ら食べたいと思っていない昼の弁当ってなんだかムダだなあと。だったら、このお弁当の分を鶏肉のササミなどに置き換えたほうがいいのじゃないかと。というわけで、今日も収録現場に当たり前のようにササミを携帯する春日。こういった食生活は、もう元には戻せないような気がする。

トレーニングは1週間に3回といったところだ。メニューは4分割。1週間で各部位を1回ずつ、できたら胸と腕は2回はトレーニングしたいところなのだが、なかなかそれが難しい。基本的には東京・中野の「ゴールドジム」(＊4)が多いものの、ジムには「行けるときに行ける店舗に行く」という感じ。

例えば、海外ロケから帰ってきて、まずやることはトレーニング。「和食を食べたい！」より「ベンチプレスがしたい！」と思う。また、「むつみ荘」(*5)には風呂がないので、シャワーを浴びる目的も含めジムに行っている。

それでも、やっぱり行けて週に3回くらいが限界……、と思って実際にジムに行った日を書き出してみたら、じつはけっこうな頻度で通っていたことが判明。食生活といいジムに行く頻度といい、世間を〝一般側〟と〝ボディビル側〟に分けた場合、春日はもう完全にボディビル側の住人になっているのかもしれない(笑)。

〈2015年1月〉

*3 スクール・ウォーズ：1984年10月～1985年4月にTBS系列で放送されたドラマ。校内暴力がはびこる高校に、ラグビー元日本代表選手だった教師が赴任。ラグビー部の担当となり、生徒を更生させながら、弱小チームを全国優勝する強豪に成長させた軌跡を描く。主演の教師役に山下真司、不良少年役に松村雄基ほか。原作は京都市立伏見工業高校ラグビー部を舞台に描いたノンフィクション『落ちこぼれ軍団の奇跡』(馬場信浩・著　光文社・1981年)。
*4 ゴールドジム：1965年にアメリカで設立された世界最大級フィットネスクラブ。創設者はボディビルダーのジョー・ゴールド。世界30カ国、700カ所以上、300万人のメンバーを誇る。当時の春日氏のホームジム。
*5 むつみ荘：春日氏が20年暮らした東京都杉並区阿佐谷の風呂なし1Kアパート。家賃は3万9000円とされる。

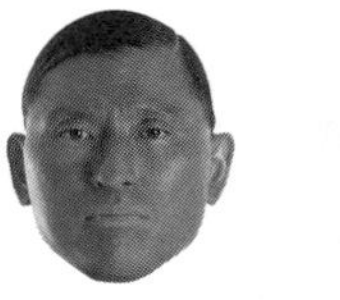

周囲から引かれるくらいの体になりたい

映像や写真でコンテスト当日の体を見返すと、やっぱり春日はまだまだ細い。「私、ボディビルダーです」と言っても、その言葉がボケに聞こえそうなくらい細い（苦笑）。ほんと、お恥ずかしい限りである。

ジムでタンクトップを着る勇気もない。春日なんぞがタンクトップを着るのは、七五三で子供が子供用のスーツを着用するようなものだ。「早く本物のスーツが似合う成人になれるといいね」と大人たちに言われているような状態だ（苦笑）。今はまだまだ体がタンクトップに負けてしまっている。

「いい体してますね」「腹筋が割れてますね」と言われているうちは、ひよっこだ。おびただしいまでの筋量を身にまとい、「何この体!?」「どうなってるの!?」と周囲の人たちに引かれるくらいの体に春日はなりたい（笑）。

ジムで鍛えていらっしゃる方々からも一目置かれるような肉体ということです

な。理想とするのは、鈴木雅選手（P16参照）の腕と脚、田代誠選手（＊6）の背中、合《ご》戸《ど》孝《こう》二《じ》選手（＊7）の胸が合体したような肉体だ。もう、超人のレベルですな（笑）。

これまでトレーニングしてきて、自分の発達しやすい部位、発達しにくい部位というのもなんとなくわかってきた。春日はとにかく胸が弱い。たったの1、2年では諸先輩方のような肉体にはなれないことは重々承知しているが、ボディビルダーとして人前に出ても恥ずかしくないような体を目指していきたい。と言いつつも、トレーニングを「楽しい！」と感じたことはまだ一度もない（苦笑）。正直、つまらない。

では、なぜ春日はジム通いを続けているのか？　それはおそらく、節約が好き、貯めるのが好き、という春日の性質が関係しているのだと思う。せっかくつけた筋肉を失ってしまうことは「もったいない」という意識が強い。

達成感という生きる喜び

トレーニングをすると、ちょっとした達成感を得られる。これは人によりなんでもいいと思う。ゲームをクリアすることでもいいし、仕事をしっかりとやり切ることでもいいし。そうやって自分の中で何らかを達成することで、人は〝生きる喜び〟を実感しているのかもしれない。

その達成感を得る手段が「鍛えること」なのだろう、我々「ビルダー」の場合は（笑）。そう考えると、ジムに通うことにいちいち意味を求める必要はないようにも思える。

次は初出場からちょうど1年後となる、２０１５年5月の東京オープン選手権大会に出場する（２０１４年当時）。エントリーするクラスは、前回よりも一階級下の75kg級だ。減量前の現在の体重は81kgくらい。70kg級にするか75kg級にするかすごく迷ったのだが、鈴木雅先生に相談したところ、身長的にも骨格的にも75kg級のほうがいいのではないかと。

先生いわく、ただ単に体重を減らすだけでなく、しっかりトレーニングして筋量も増やしていけば75kg級でも甘い仕上がりにはならないとのこと。前回の春日は、とにかく絞ろうと思ってトレーニングよりも有酸素を優先して、かなり筋量を落としてしまった。今回はさらに筋量を上げるために、トレーニングを重視し

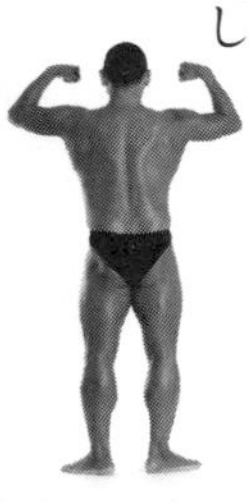

ながらの減量になりそうだ。

噂によると、同じ大会になかやまきんに君もエントリーするらしい。春日ときんに君は芸歴がだいたい同じくらいなのだが、トレーニング歴は圧倒的にきんに君のほうが長い。ビルダーとしては大先輩だ。

だから、きんに君に勝ちたいという気持ちはない。善戦できればうれしい。ボディビルに〝番狂わせ〟というのはなかなか起こらないからだ。大事なのは、自分がどこまで鍛えられるか、だ。

初めてボディビル大会に出場したあとには、たくさんの人から「よく絞ったね」と褒《ほ》めていただけた。本気で取り組んでいることをわかっていただけたのは収穫だった。しかし、「この部位が良かった」と筋肉を褒められたことはまだない。次は筋肉を褒めてもらえるよう、前回よりもビルダーらしい体形で出たい。

〈2015年5月〉

＊6　田代誠選手：1971年生まれ。1990年、19歳のときからボディビルの試合に出場。日本ボディビル選手権には1998年に初出場し、いきなり3位に。2001年から2004年にかけては同選手権4連覇を達成。2005年に戦線から離れるが、2012年に大会復帰。2013年には世界ボディビル選手権70kg級で3位となる。

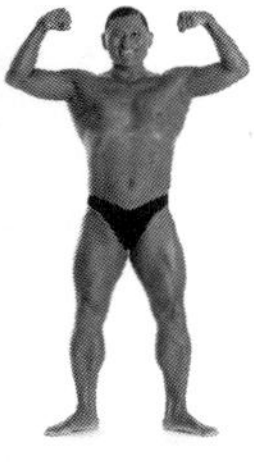

＊7　合戸孝二選手：1961年生まれ。20歳のときにジムに通い始める。2005年に44歳にして日本ボディビル選手権優勝を果たす（2007年から2009年まで同大会3連覇）。静岡県藤枝市にてマッスルハウスGYMを経営。左目の失明や過剰な筋発達による神経障害と闘いながら肉体の限界に挑む姿勢から「狂気の男」と呼ばれる。著書に『執念　覚悟に潜む狂気』（ベースボール・マガジン社・2018年）。

頭の中はボディビルでいっぱい

5月10日の東京オープン選手権大会まであと約20日。今の心境は「もうあと20日間しかない!?」が半分、「早くコンテストが終わらないだろうか」が半分といったところだ。

現在の体重は79kg台の前半、もしくは78kg台の後半といったところ。今年の春日は75kg級にエントリーしたので、リミット体重まであと4kgくらい。前年の同時期と比べると減量幅は少ないので、精神的に余裕はある。

しかし体重はクリアできたとしても、体がちゃんとキレていないと意味はない。春日の理想的な食事の摂り方は、朝起きて水分補給だけしてジムに行き、エネルギードリンクとBCAA(*8)を飲みながらトレーニング。そのあとにプロテインとバナナ1本を食べ、1時間ほど有酸素運動をしてまたバナナを1本。一日の炭水化物はここで終了。

昼食はササミのプロテインバーやジューシーローストチキンなど。最近はコンビニエンスでサラダチキンを買い、それを袋に入ったサラダの中に入れて箸でほぐしながら食べるということも多い。

食に対する欲求が湧き上がってきたときは、紙に書いて処理するようにしている。例えばラーメンが食べたくなったときは「ラーメン」、ピザ食べ放題に行きたくなったときは「ピザ食べ放題」と紙に書く。ずっと「食べたい」と思い続けると心が疲れてしまうので、何かを食べたくなったときはその食べたいものをメモすることで欲求を片づけている。

仕事仲間たちと外食するときは焼き肉、ステーキ、馬肉が中心になる。そのようなときはなるべく赤身の肉を食べるようにしている。1人で黙々と減量食を食べ続けているとしだいに気分が滅《め》入《い》ってくるものだが（苦笑）、誰かと一緒に「食事の体《てい》」をなしているものを食べるだけで気持ちはリフレッシュできる。ササミばかり食べていた昨年よりも「食事らしい食事」は食べられているような気はする。

大会前の春日の中には「2人の春日」がいる

ただ、ボディビルは大会の日が近づいてくるにつれて、やるべきことが増えてくる。ポージングの練習もやらなきゃいけない、日焼けもしなきゃいけない、食事にも気を使わなきゃいけないし、もちろんトレーニングもやらなきゃいけない。泊まりのロケーションがあるときは「その前後はジムに行く頻度を増やしたほうがいいな」とか、食べるロケーションがあるときは「その数日前から食事をセーブしよう」とか。

トレーニングに関しても、ポージングを教わった際にゴールドジム・アドバンストレーナーの小沼《こぬま》敏雄さん（*9）に「肩と腕に筋肉がつけばもっと良くなる」とアドバイスをいただいたので、だったら背中と脚は捨てて肩、腕、そして胸を中心に鍛えていったほうがいいのか？　でもそうすると、背中と脚が弱くなってしまう可能性もあるなと悩む。

他にも「次はいつポージングの練習ができるかな？」「日焼けはいつ行けるか？」

「4月中に77kgまでは落とさないと」「余裕を持ちすぎて体重が落ちなかったらどうしようか」などなど。頭の中では常にボディビルのことを考えている。そういった意味で、春日の中には「あと20日しかない!?」と焦る春日と、「早く解放されたい」と願う春日の2人が存在しているのだ。

先日はスポーツ新聞の取材を受けさせていただき、そのときのカメラマンさまもボディビルをやられていて、東京オープンにも出場するとのことだった。どこそこの店舗のタンニング（日焼け）マシンはよく焼けるなど、いろいろと情報交換をさせていただいた。

さっそく行ってみましたわ、その店舗に。確かに焼けましたわ。今はいろいろな方々からアドバイスや情報をいただいて、それを実際に試しているような感じだ。諸君がこのコラム（*10）を読むころには、すでに結果が出ていると思う。昨年よりも体は大きくなっている。今年も昨年のようにしっかりと絞り、その上で筋量もちゃんと残して〝ボディビルダー〟らしい、一般の方々に引かれるような（苦笑）肉体でステージに立ちたい。

〈2015年6月〉

＊8　ＢＣＡＡ：筋肉で主に代謝され、エネルギー源となる必須アミノ酸。筋肉や血中に含まれる。バリン、ロイシン、イソロイシンの総称。

＊9　小沼敏雄さん：１９５９年生まれ。15歳からボクシングを始め、17歳から本格的なトレーニングを開始。１９７８年に関東学生ボディビル選手権オープンでボディビルコンテストにデビュー。１９８５年、日本ボディビル選手権で初優勝。１９８７年からは前人未到の13連覇を達成し、同選手権では計14度の優勝を飾る。１９８７年にミスターアジア90kg級優勝。１９８８年にミスターアジア85kg級優勝。２００２年に世界マスターズ40歳以上80kg級優勝。監修書に『初心者でも一人で学べる部位別ウエイトトレーニング』（体育とスポーツ出版社・２００２年）。

＊10　このコラム：月刊誌『ＩＲＯＮＭＡＮ』（フィットネススポーツ）の連載「オードリー春日のボディビル日誌　マッチョでトゥース！」（２０２５年１月号時点で第１２３回）。

コンテスト直前の大ピンチ！

東京オープン、無事に終了！　このときは2度目の出場ということもあって、減量については「なんとかなるだろう」「大会直前になったら落ちるだろう」といった若干の精神的余裕があった。しかしながら、「確実に絞れる」という方法を今の春日は知らない。できることといえば、「トレーニング」「有酸素運動」「食事制限」の3つを着実にこなしていくことのみだった。

大会1カ月前からはほぼ毎日ジムに。有酸素は起床後の空腹時にやることを心がけた。早朝から仕事があるときも早起きしてジムで1時間ほど有酸素をやってから現場に向かい、仕事の合間にまたジムに行ってトレーニング。

時間が確保できないときは現場から現場を歩いて移動したり、中野のゴールドジムから阿佐谷《あさがや》の自宅まで歩いて帰ったり。トレーニングはジムでしかできないが、有酸素は生活の中の時間を有効に利用しながら継続した。

食事はコンビニエンスのサラダチキン2つと袋のサラダ、ドレッシング2つ、

ゆで卵2つ。これが1食分。小腹が空《す》いたら「ささみプロテインバー」と「若鶏のジューシーロースト」。糖質はトレーニング中のエネルギードリンクと、トレーニング後にご褒美のような感じでバナナを食べていた。

春日は、「もうちょっとできたな」という気持ち悪さを残したくない。「今日はこの時間にジムに行ける」ということに気づいていながらジムに行かないというのが、なんだか気持ち悪い。気づかなかったら別に良い。でも気づいたことは、全部やらないと気持ちが悪いのだ。

大会前にハイボール5杯の罠

体重は週に1kgのペースで減っていき、大会1週間前の日曜日には76kgくらいまで落ちていた。その日の夜には、ピーターさんのホームパーティーにお誘いいただいていた。食事に関してデリケートにならざるをえない時期だったので迷いはしたが、話のネタになるのではないかとも思い、お呼ばれしてきた。

それはもう美味そうな料理が春日を誘惑してきたわけだが、ここは我慢。ナッツ類や野菜など、大丈夫そうなものだけを選んで口にした。アルコールもハイボールくらいだったら問題ないだろうと。これを大会前の最後の酒にするつもりで5杯ほど飲んだ。

すると、どうであろう。翌日に体重を量ってみると、なんと78kg。大会6日前にまさかの3kgオーバー（苦笑）。これには焦った。ここからは水分をカットしてリミット体重まで持っていくしかない。

大会1週間前の過ごし方は、あらかじめ鈴木（雅）さんに教えていただいていた。月曜日から水曜日までは水分を多めに摂取。おそらく水だけで3から4リットルくらいは飲んでいたと思う。

木曜日からは水分と塩分を控えめに。水分量はプロテインを飲む水を含めて1から1・5リットルくらい。食事は、前日水曜日の夜に鶏の胸肉を大量に買い皮を剥いでゆで、包丁で小分けに切って胡椒《こしょう》をまぶしてスーパーの半透明のビニール袋に入れて、塩分カット生活に向けて準備。木曜日からは「胸肉の胡椒和《あ》えのビニール詰め」を3袋、ゆで卵4つを携帯するようにした。

ここからは体重が一日1kgのペースで減少。前日の夜は日焼けをして、『オー

ルナイトニッポン』(*11)の生放送を終えたあとに、もう少し水分を抜くために朝方の4時くらいにゴールドジム原宿に直行してサウナに入った。

結果、大会当日、日曜日の朝には規定を大きく下回る71・9kgに到達し、計量もクリア。何とかピンチを免れた。これで大会に出られる。あとは舞台に立つだけだ。

〈2015年7月〉

*11 オールナイトニッポン：オードリーがパーソナリティを務めるニッポン放送の深夜ラジオ番組『オードリーのオールナイトニッポン』(毎週土曜日、25時～27時)。2009年10月11日未明から放送開始。2024年2月18日には番組イベント「オードリーのオールナイトニッポン in 東京ドーム」を開催。会場とライブ配信で約16万人が視聴し、世界一観られたお笑いライブとしてギネス世界記録™に認定された。番組の書籍化もしており最新刊は『オードリーのオールナイトニッポン in 東京ドーム 公式余韻本』(新潮社・2024年)、『オードリーのオールナイトニッポン トーク傑作選2019—2022 「さよならむつみ荘、そして……」編』(同)など。

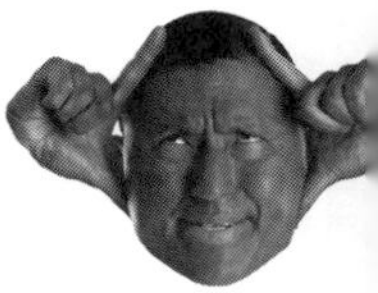

なかやまきんに君とともに初入賞！

計量をクリアした時点で、春日の中ではコンテストの8割ほどが終了していた（苦笑）。正直なところ「早く大会が終わらないかね」と思っていた。

ただ、当日の仕上がり具合は自分ではよくわからなかった。まだ1回しかコンテストに出たことがないので、判断基準が春日の中にはなかった。ボディビルは、自分の状態が第三者の評価でしか判断できないスポーツだ。当日にジタバタしたところでどうにもならない。バックステージに整列している間も「決勝に行けるかも」という感触はまったくなかった。

そういった部分は、お笑いと似ているかもしれない。「何がなんでもウケてやる！」「絶対に滑らない！」と意気込んでいるときよりも、

「やるべきことはすべてやったし、あとはどうなってもいいや」

という気持ちで舞台に出たときのほうがお客さまの反応が良かったりする。今回はまさにそんな心境だった。

そして予選。同階級に出場したなかやまきんに君は、筋肉芸人の第一人者。筋肉芸人界のビッグネームだ。もちろん刺激にはなったが、きんに君と「競う」という意識は春日にはなかった。むしろ、比較審査で並んでポーズを取ったときは感動すら覚えた。うれしかったですな。

何位になりたいとか、誰かに勝ちたいとか、そういう気持ちもまったくなかった。唯一思っていたのは、前年よりも良い仕上がりにすること。「去年のほうが良かった」と言われることが一番恥ずかしい。

その「前年よりも良い仕上がりにする」ことの結果として、今回は予選を突破できた。しかしながら、決勝進出が決まった瞬間は「ヤバイことになった」と思った。決勝で披露するフリーポーズをまったく考えていなかったのだ（苦笑）。

フリーポーズは予選が終わってから決勝が始まるまでの間に急いでつくった。で、音楽が流れ出してから舞台に登場する構成で考えていたのだが、いざステージに向かって歩き始めても曲が鳴らない（苦笑）。急きょ、板付き（舞台にスタンバイした状態）からのスタートになってしまった。

結果、75kg級で5位という成績をいただいた。去年はよくわからなかったものの、このときは〝ボディビルのおもしろさ〟なるものが少しは摑《つか》めたような気がする。

目標は「気持ちの悪い体」

日常的にジムに通っていると、「筋肉は大きくなっているのか？」や「今日くらいトレーニングしなくても良かったんじゃないか」などと思うことがある。でもそのときはわからないが、一回一回のトレーニングがしっかりと結果につながっている。5位という評価をいただいて、改めてそのことを感じた。

そこにボディビルのおもしろさがあるように思う。RPGで例えると、最初は弱くてもしっかりと闘い続けていたら、いつかは必ずレベルが上がる。そのレベルが上がったときの喜びとちょっと似ていると思う。

また、この先には「1位」というものが絶対に存在するということも実感できた。何年かかるかわからないが、続けていけば着実に「1位」に近づいていける。日本選手権などになるとまた別だろうが、自分が望む結果がこの先に確実にある

なと思った。これは他の競技では得られなかった感覚だ。

課題はポージングですな。後日、鈴木（雅）さんからは「フリーポーズが良かったら、4位になれたかも」とのご指摘をいただいた。ちゃんと考えておけば良かった（苦笑）。ポージングの練習はあまりできなかったので、ここは反省点ですな。

「ベストボディ（＊12）に出てみたら？」とけっこう言われるのだが、春日はやはりボディビルだ。つらいトレーニングをやり、苦しい減量をして、きわどいパンツで人前に出て、命を削っているのにまったくモテない（苦笑）。一般の人には理解しがたいことに全身全霊で取り組んでいることがおもしろい。

「愛すべきバカ」とでも言うか、『タモリ倶楽部』（＊13）的な世界観と言うか、ボディビルでは自分に向ける〝熱量〟というものをすごく感じるのだ。真剣すぎておもしろい、みたいな。

春日の目標は「良い体」でも「かっこいい体」でもなく「気持ちの悪い体」になること。見た人が「何これ!?」と眉をひそめる体だ。まだまだその域には達していないが、春日が目指すものはこの先に必ずある。ボディビル、楽しいじゃないか！

〈2015年7月〉

*12 ベストボディ：ベストボディ・ジャパン。日本全国で健康美を競う年齢別ボディコンテスト。2012年11月に第1回大会を開催。

*13 『タモリ倶楽部』：タモリが司会を務めた深夜のバラエティ番組。テレビ朝日系にて1982年10月から2023年3月31日未明まで放送された。イラストレーター・安齋肇が担当した歌詞が別のフレーズに聞こえることを視聴者からの投稿で募る「空耳アワー」などの人気コーナーがあった。

完全に生活サイクルが変わってしまいました

あたくし、春日は東京オープン選手権の決勝に進出したことで、ようやく胸を張って「ボディビルをやっている！」と言えるようになったような気がする。同じように鍛えていても、大会に出ると出ないとでは大違いだ。いざ大会に出るとなるとトレーニングや食事に対する気持ちや取り組み方も変わってくるからだ。

また、実際に出場しても予選落ちでは「ボディビルをやっている！」とはなんだか言いづらいものがある（苦笑）。75kg級で5位という成績を残せて、やっと「ボディビルダー」の肩書をいただけたというか、去年までの〝お客様〟的な立ち位置から脱却できたような実感はある。

ボディビルダーたるもの、生活の中心にトレーニングを置かなくてはならない。春日も翌日のスケジュールを確認するたびに「この時間にジムに行けるな」と今は自然に考えてしまう。

コンテスト前の減量期間は、ほぼ毎日ジムに行っていた。現在もなんだかんだで同じような生活を送っている。

トレーニングをするために、朝早く起きることもある。生活のサイクルが変わりましたな。以前は夜にトレーニングすることが多かったのだが、22時くらいにジムに行くと、トレーニングが終わるのは23時過ぎ。そうなるとあとはもう帰って寝るだけ。それで一日が終わって、他に何もできなくなってしまう。

しかも、仕事を終えたあとにジムに行くのは、「これからもうひと仕事ある」みたいな気持ちになってなんだか嫌なのだ。それに、春日のホームグラウンドである中野のゴールドジムは、夜の時間帯はけっこう混んでいる（苦笑）。春日としては、仕事の前、もしくは仕事の合間にジムに行くのがベストだ。

毎週水曜日は日本テレビでお昼の番組（＊14）に出演しているので、早起きして、朝の9時半くらいから11時までトレーニングをやってから汐留《しおどめ》のスタジオに入るようにしている。

以前に比べて、仕事前にトレーニングをすることが多くなった。最初は疲れて仕事に支障をきたすかと思っていたが、そんなことはなかった。むしろ、午前中

はジムが空いていて好きなマシンを使えるので、トレーニングに取り組みやすい。当たり前だが一日の時間は24時間と限られている。毎日のようにジムに行くとなると、その分何かの時間を削らなくてはならない。

春日の場合は、以前より飲みに行くことがなくなった。そもそもいつも同じ人間としか飲まないが、その相手がたまたま忙しくなり、飲みに出かけることがほとんどなくなったのだ。それで空いた分の時間をトレーニングに回すようにしている。

自宅に戻ってからダラダラと過ごすことも今ではほとんどなくなった。これは減量中のクセというか、絞っているときは疲労感もあり、帰ったらすぐに寝ていた。それに遅くまで起きていたら腹も空くし、飲みたくもなる。その「帰ったらすぐに寝る」という生活が習慣化され、今も継続できている。

ハイリスク・ノーリターンが素晴らしい

前回との大きな違いは、コンテスト後もテンションを維持できていることだ。

前回はコンテストが終わったとたん、「これで解放された……」と気持ちが少し切れてしまった。だが、今回は「次もやってやろう！」と大会後もモチベーションが下がることがなかった。

初めて入賞できて、1年間コツコツとトレーニングを続けるとそれが成果となって表れることも理解できた。ちゃんと継続すれば表彰台も狙えるのではないかと。相変わらずトレーニングはつらくて楽しくはないけれども（苦笑）、しかし今は「トレーニングを休みたい」より「このまま1年間続けたらどうなるんだろう？」という興味のほうが強い。

身になりそうなことは、なんでも試してみたい。一番の関心ごとはサプリメントですな。飲んでいるのはプロテイン、ＢＣＡＡ、グルタミンと基本的なもののみ。夜のプロテインはカゼイン（＊15）にしてみたほうがいいのではないか？や、クレアチンも摂ったほうがいいのではないか？など、興味は尽きない。

ここ最近、世間的にも「鍛えること」がブームになってきた。その頂点に立つ競技がボディビル。腹筋が割れているのは当たり前。我々ボディビルダーは、脚も鍛えなければならない。

脚も鍛えて、減量をして、日焼けをして、毛を剃《そ》って、その上、周りの人たちからは「気持ち悪い」と言われる。しかしそこに、優越感すら覚える。まさにハイリスク・ノーリターンなところが素晴らしい（苦笑）。

誰かに頼まれたわけでもなく、1人でつらい思いをしながら気色悪い体になる（苦笑）。ボディビル、最高！　これからも「ボディビルダー」の肩書に恥じない肉体を追求していきたい。

〈2015年9月〉

＊14　お昼の番組：昼のバラエティ番組『ヒルナンデス！』（日本テレビ系）。2011年の番組スタートからオードリーは12年間にわたり水曜レギュラーとして出演していた。

＊15　カゼイン：プロテインパウダーの主成分の一種。一般的な「ホエイ」を主成分としたプロテインパウダーよりもゆっくりと吸収されるのが特徴。

食欲との上手な付き合い方を知りたい

春日の普段の体重は92、93kgほど。コンテストから離れて、すっかり大きくなってしまった（苦笑）。

ここまで大きくなった今も仕事で裸になることがあるのだが、抵抗があるどころか、かなり嫌である（苦笑）。依頼してくださる方はコンテストに出たときのような、仕上がった状態をイメージしている。今はそういう体はしていませんとマネジャーが説明しても、それで大丈夫ですと。

制作する側にとっては大丈夫でも、ボディビルダー的には大丈夫ではない（苦笑）。そのような状態でテレビ番組で脱いだとき、「このくらいのほうがいい」とか「バキバキすぎると気持ち悪い」など言っていただけるものの、ビルダーとしてはオフの時期に脱ぐのは嫌なものだ。

ただ、そこがあまり伝わらない。今は仕上がってないので……、と言ってもな

かなかわかってもらえない。

この前、なかやまきんに君と仕事で一緒になったのだが、コンテストのときほどではないにしろ、彼はそれに近い状態を維持していた。ブロッコリーや鶏肉など、食事は自分でつくったものを持ち歩いていた。

その一方で、用意された弁当も食べていた。聞いてみると、一日の食事のうち1食を自分が持ってきたものにするらしい。きんに君くらいになると、もはや服を着てテレビに出ているところを見たことがない（笑）。筋肉が衣装のようなものだ。春日よりも体に対しては高い意識を持っているのだろう。

脱いで嫌な思いをするのは自分だ。裸になる仕事がある以上、嫌な思いをしないためにもある程度は仕上げておかないといけない。コンテストに出ないと絞れないだろうと思っていたのだが、そうも言っていられない状況になってしまった。

コンテスト経験があるので本気になればすぐに絞れる、という気持ちがどこかにある。今は本気を出していないだけ、という（苦笑）。その結果、体重が90kgを超えてしまったわけだが、本気を出すためにも何か目標は持ったほうがいいのだろう。ジムに行っても目標を持ってトレーニングしている人は、見ていてわかるものだ。体つきや絞り具合、トレーニングへの熱の入れ方などが違うので。

「一生、米食わない／酒飲まない」なんて無理

今はラーメンなど炭水化物が食べたくなったときは、昼間に食べるようにしている。夜にそういったものを食べることは絶対にない。

夜に炭水化物を食べない生活に苦を感じることはない。たまに夕食にお好み焼きを食べたくなるときはあるけれど（苦笑）。なぜならお好み焼きは昼にはなかなか食べられないから。

ただ、基本的には外食なので、炭水化物を避けるとなると行ける店が限られてくる。肉系、居酒屋、鍋など。腹いっぱい食べたいときはステーキ、焼き肉、ジンギスカンなど肉系を選ぶ。焼き肉食べ放題やステーキ食べ放題にはよく行く。

1週間に4回も焼き肉屋さまに行ったこともあった（苦笑）。炭水化物を食べなければ、といったところに甘えている部分もあるかもしれないですな。焼き肉だったら腹いっぱい食べても大丈夫だろうと。

毎日同じものを食べていたジャガー佐藤さん（*16）のようなヤバい方はさておき（苦笑）、トップビルダーの方々は、オフの間はどういったものを食べているのだろう？　食への欲求がない人ならまだしも、春日の場合は食事が楽しみで仕方がない。朝から「今日の夜は何を食おうか？」と考えているほどだ（苦笑）。一生、米を食わない、酒も飲まないなんて生活は無理だ。コンテストに臨むときのような気持ちを何十年も持ち続けることは難しい。より長くトレーニングして、より長く体形を保つためにも、食欲との上手な付き合い方を知りたいですな。

〈2018年12月〉

*16　ジャガー佐藤さん：佐藤貴規。1979年6月28日生まれ。〃ジャガー〃の愛称で親しまれたボディビルダー。ボディビルを始めた最軽量級の60kg以下級から4階級の増量に成功し、日本ボディビル界のトップ戦線で活躍した。体重別で争われる日本クラス別選手権大会では65kg級、70kg級、75kg級の3階級で優勝。2017年で引退。

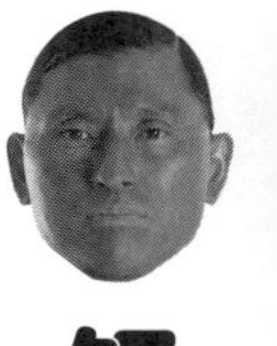

短時間トレーニングのメリットとは？

春日は鈴木雅さんにつくっていただいたトレーニングメニューに取り組んでいる。2022年の前半は『炎の体育会TV』（TBS系）の企画でエアロビクスの練習をしていた関係で、脚のトレーニングを控えていた。ビクスの大会が終わってからは脚のトレーニングをしっかりとやりたいと思っていたが、鈴木さんからいただいた新メニューに「脚の日」はなかった。

基本的な分割は「胸＋肩＋上腕三頭筋」「背中＋上腕二頭筋」で、脚の種目は胸の日にスクワットもしくはレッグプレスが入っている程度だった。

理由を尋ねたところ、バランス的に上半身に重きを置いたほうがいいと。言われてみれば、確かにそうだった。腕など、春日は弱いように感じる。

とはいえ、やはり脚もそれなりにトレーニングしたいので、時間があるときはレッグプレスのあとにエクステンションをやったりしている。カーフの種目がないのであれば、日常の中で階段を上るときはカカトを上げようと（苦笑）。そう

いった自分なりの工夫をしている。

スクワットは頻度が減ったので、高重量でやるのが少し怖くなった。その分、重量を落としてフルで丁寧に行なうようにしている。以前よりもフォームと深さを意識するようになった。

上半身は、今の分け方になってからデカくなってきたような気がする。また、1時間ほどで終わるメニューを組んでいただいたので、以前よりも集中して取り組めていると思う。

「諦める理由」をつくらないために

春日は種目数が多くなるとダラダラしてしまう。「セット数が多いからインターバルも長く取らないと」と思ってしまい、結果的にトレーニング時間が長くなる。次のセットに備えるために、できるだけ体力を回復させたいという意識が働いてしまうのだ。

たくさんの種目をやって、その都度トレーニングノートに書いていくと「これ

だけやったんだ！」と〝やった感〟は得られる（苦笑）。ただ、インターバルを長く取ってしまい、実際にはあまり追い込めていなかったということにもなりかねない。

また、1時間半や2時間かかるメニューであると「ジムに行かない理由」が生じる。それは、「今日は時間がないからジムに行くのやめよう」や、「朝に時間が取れそうだけどそのあと夜まで仕事が入ってるから、今日はやめておくか」など、一定の時間がかかるメニュー故《ゆえ》に、トレーニングすることを諦める理由ができてしまうのだ。

そしてまた、時間がなくて2時間かかるメニューを最後までできなかったら気持ちが悪い。自分に負けたというか（苦笑）、トレーニングを完遂できなかった自分の弱さを痛感するような、そんな感覚に陥《おちい》る。

1時間ほどで終えられるメニューの場合、そういったことはなかなかない。最後までしっかりとやり切ることができる。

レップ数（＊17）も、8回くらいだったらインターバルを短くできる。少し休んで息を整えたら「8回だったらもうやってしまおう」という気になれる。これが

15回以上の高レップになったとすると、「ちゃんと回復させるためにインターバルを取らないと……」と考えてしまい、次のセットまでに備える時間も長くなりがちだ。

長くインターバルを取り、時間をかけて多くの種目を行なうトレーニングも、集中して1時間ほどで終えるトレーニングも、精神的な充実度はそれほど変わらないような気がする。むしろ、1時間でぱっと終わらせたほうがしっかりとトレーニングができているかもしれない。

そして仕事の前にも「1時間で終わるのであればジムに行こう」という気持ちになれる。何より、短時間で終えられるので集中力が最後まで切れないことが良い。このメニューになってから、トレーニングに取り組みやすく、ジムにも行きやすくなった。

〈2023年1月〉

*17　レップ数：トレーニング種目の一連の動作を繰り返す回数のこと。レップとは「repetition＝繰り返し」の略。

第2章

春日の仕事論

ビルダー芸人のエチケット

ボディビル大会に出場して以降、おかげさまで「脱ぐ仕事」が多くなった。テレビで裸になる際には、画面の向こう側にいるビルダーの方々の視線をどうしても気にしてしまう。

人前で裸になる以上、「パンプアップしてないじゃないか」や「ゆるみすぎじゃないか」など、極力ツッコまれないようにしなくてはならない。なのでマネジャーから急に「明日の収録ではビルパン（＊1）を穿《は》いてください」と言われると、「先に言っておいてもらいたい！」と思ってしまう。

ボディビルを知らない人は「服を脱いでくれればいい」くらいの感覚でいるのだろうが、我々ビルダーには最低限の身だしなみというものがある。オフの間に少しばかり体がゆるくなっているのは仕方がないにしても、せめて剃毛くらいはしておきたいものだ。

そんな折りに収録された『アメトーーク！』（テレビ朝日系）の「ゴールドジ

054-055

ム芸人」（２０１５年9月17日放送 *2）。これはゴールドジムでトレーニングをしている芸人たちが一堂に会した企画だった。通常、春日が本格的に減量に取り組むのは、大会の３カ月前くらいから。選手登録をする段階になって焦って減量を開始するというのが毎年のパターンだ。

春日が照準を合わせていたのは、あくまで２０１６年５月の東京オープン。ゴールドジム芸人の収録が行われたのは２０１５年８月の半ばでオフ期間ということもあり、その出演に合わせて減量するという発想は春日にはなかった。

しかしながら、収録日が近づくにつれて品川（祐《ひろし》）さまがファスティングをやっている。や、レーザーラモンＨＧさまが金子賢さまの大会（サマー・スタイル・アワード）への出場に向けて絞っている。など、いろいろな情報が耳に飛び込んできた。他の出演者のみなさまも、けっこう本気で取り組んでいるようだった。これはヤバイ（苦笑）。

というわけで、春日もやりましたわ、１週間ほど前から減量を。３日前からは水分を控え、前回の大会前に使い切れずに残っていたゴールドジムのタンニングチケットを使って日焼けマシンにも４回入った。

結局、体重はほとんど変わらなかったが、できることをできるだけやり収録に臨んだ。

ゴールドジム芸人とボディビル経験

あの現場でボディビル大会の出場経験があったのは、春日となかやまきんに君の2人だけであった。品川さまやHGさまたちはどちらかといえばベストボディ系。しかし、みなさまゴールドジムで鍛えられているトレーニング仲間だ。ただ、どっちが上や下などはないのだが、春日は大会ありきのところからトレーニングをスタートしているので、なんとなくスタンスの違いはあるように思えた。

同じくビルダーのきんに君とは、店舗によって鍛えやすい部位やスクワットの方法などいろいろと情報交換をさせてもらった。自身が開発したというプロテインもいただいた。そこには「もやしっこ卒業おめでとうございます。これを飲んでもっと筋肉をデカくしてください」という手紙が添えられていた（笑）。

ボディビル経験者にはシンパシーを感じるもので、なかなか東京で一緒に仕事をする機会はないのだが、尼崎の大会に出場している矢野・兵動《ひょうどう》の矢野（勝也）さまともいつか話をさせていただきたい。

番組には師匠の鈴木（雅）さんも出演された。オフ期間中も肉体を維持し続けて、いろいろなメディアで肉体を披露している鈴木さんは本当にすごいと思う。以前は春日もボディビルダーの体を見て「気持ち悪い！」と思う部類の人間だった。しかし、今では鈴木さんの体を目《ま》の当たりにして「なんだこれ！」「何がどうなってるんだ!?」と驚く人たちを見ることを楽しく思う。

あの肉体になるためにどれだけのものを犠牲にし、どれだけの努力を積み重ねてきたか。どうだすごいだろ！　これがボディビルダーだ！　これが我々のチャンピオンだと（苦笑）。鈴木さんの筋肉を前にして引いたり、あまりにもすごすぎて笑ってしまったりしている人たちを見ると、春日も誇らしい気持ちになりますわ！

〈2015年11月〉

＊1　ビルパン：ボディビルダーが着用する競技用コスチューム。ビルダー用パンツの略。ポージングトランクスともいう。

＊2　ゴールドジム芸人：2015年9月17日放送の回には、春日氏以外には、品川庄司・品川祐、東京ダイナマイト・ハチミツ二郎、レイザーラモンHG、ニブンノゴ！・宮地ケンスケ、なかやまきんに君、ハマカーン・浜谷健司、オリエンタルラジオ・藤森慎吾が出演。

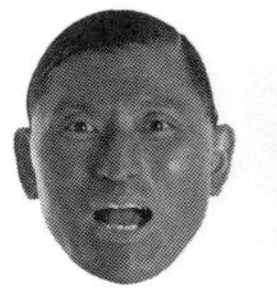

芸人とアスリートの狭間で

2016年末のTBSの特番の収録で、春日がその1年間で『炎の体育会TV』でやってきたことを振り返るVTRを見させてもらった。5月はボディビルでガリガリになり、6月はフィンスイミングで銀メダルを獲《と》り、7月はレスリングの試合でシングレット（*3）を着て、と。

これみんな同じ人間なのか？（笑）。春日としては目の前にある競技とその練習にひとつひとつ取り組んでいただけだったのだが、改めて映像で見返してみると時期によって体形や肌の色、着ているものがバラバラで、自らのことながら、かなりおもしろかった。

仕事でいろいろな競技に挑戦させていただけるのは、とてもありがたいことだ。練習場所も用意してもらっているので、春日も真剣に取り組んでいる。

とはいえ、春日の本職はアスリートではない（苦笑）。2014年の東京オープン選手権での予選落ちという結果は、芸人としてはアリだった。春日がボディ

ビルをやっていることを世間的にも広く認知していただけている状況で、番組でも裸になる機会が多いのに実際の大会では予選落ちと。「全然ダメじゃないか！」とイジられて、そこで笑いが生まれる。

ジャングルポケットの斉藤（慎二）君が体重オーバーで出られなくなったことも、非常におもしろかった。斉藤君は前日の深夜まで真剣に減量に取り組み、ジムでトレーニングをし一睡もせずやって来て、計量直前に会場の周囲を走っていた。そこまで必死になって取り組んだのに、規定の体重オーバーでステージに上がることが許されずに泣いてしまうという（笑）。これも一つの正解というか、春日も斎藤君も芸人としてはあれで全然ＯＫなのだ。

ただし、あくまで一生懸命に取り組まないと笑ってはもらえない。中途半端にやった結果が予選落ちだとか、体重オーバーではおもしろくない。必死でやったけどダメだった、というのがおもしろいわけで。

そう考えると、レスリングの試合でいきなりコロッと負けることもおもしろいのではないかと思えてくる（苦笑）。もちろん指導してくれたコーチや番組スタッフ、対戦していただく相手のことを思うと、絶対に故意に負けるわけにはいかない。当然、春日としても勝ちたいし、本気でレスリングでも日本代表になりたい。しかし、もし日本代表になれたとき、果たしてそれがおもしろいのかといえば、すごいと言ってもらえるだろうけれど、まったくおもしろくはない（笑）。レスリングでは簡単に負けて「おもしろい」では済まされないぐらい、たくさんの方が協力してくださっている。その一方で、真剣に練習してきて1回戦でコロッと負けて笑いが起きることも正解なのではないかと考えてしまう自分もいる（苦笑）。

すべてを台無しにしてみたい気持ち

せっかく真面目に練習してきたのに、最後にちゃぶ台をひっくり返すようなことをやってみたいという気持ちがある。すべてを台無しにしてみたいという（笑）。芸人にとって「おもしろい」は一番の褒め言葉なので。

だからこそ「勝たなきゃいけない」と強く思いすぎないほうがいいのかもしれない。どういう結果に転んでも、番組は成立するだろうと。そのくらいの気持ちで構えていたほうが、良い結果が出せるかもしれない。

そこがアスリートの方たちとの大きな違いではある。アスリートが求められるのはあくまで〝結果〟で、そこに〝笑い〟は不必要だから。

春日の場合はたとえ負けたとしても、「なんであんなに練習したのにすぐ負けるんだ！」という笑いにはなる。逃げ場じゃないが、〝笑い〟という保険がある分、他の選手よりも真剣になりきれてないところがあるかもしれない。

「最後は笑いがある」という部分に甘えすぎてしまうことはよろしくない。〝結果〟と〝笑い〟、そのバランスが難しいですな。

基本的には番組で何かしらの競技に挑戦させていただく際、春日はすべてドキュメンタリーだと思って取り組んでいる。真剣に練習して、真剣に試合をして、そのときに春日がどう感じるか。ありのままの春日をすべて撮ってもらえれば、最終的には誰かがおもしろい番組に仕上げてくれるのではないかと思っている（苦笑）。

〈2017年3月〉

＊3　シングレット：レスリングの選手が着用する体にフィットした上下一体型のユニフォーム。

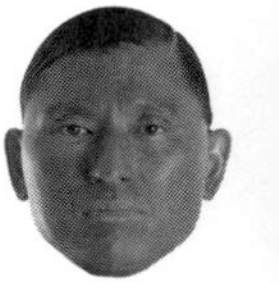

〝勝つ〟というエンターテインメント

『炎の体育会TV』でも放送されたが（2017年2月18日）、春日と一緒にレスリングに取り組んでいた太田君（ジャングルポケット・太田博久）が全日本マスターズ選手権フレッシュマンズの部の58kg級で優勝を飾った。

太田君が強いことは知っていたが、まさか優勝するとは思っていなかった。ケガや流血などのアクシデントを乗り越えての優勝だったので、すごいなと思う。

一方、春日は、1回戦負けだった。もちろん悔しさは残ったが、それよりも「仲間が優勝してうれしい」という気持ちのほうが強かった。春日の中では「春日が1回戦で負けた大会」ではなく、「太田君が優勝した大会」という印象だ。

放送も、結果を知っているのに最後まで見てしまった、ハラハラしながら（笑）。試合当日の会場、スタジオ収録、そして実際の放送と、太田君の試合は3回も見てしまった（笑）。

一方、春日の姿はあまり画面に映し出されることもなく（苦笑）、負けたあとは、

コーチや監督の方が春日以上に残念がってくれた。以前、「(芸人としては)コロッと負けるのもおもしろいのではないか?」と書いたが、負けていいことは何もないです(苦笑)。負けたら負けたで、やはり悔しいものがありますな。

〝笑い〟として〝負け〟を成立させる

昔から、バラエティ番組でアイドルや俳優さんなど二枚目の方と対戦するときは、芸人は三枚目に徹したほうがいいと言われてきた。そんな場面で芸人が勝ってどうするのだと。

しかし、春日たちが出場しているのは、その競技の公式戦である。出場したからには優勝したほうが周りの人たちも喜んでくれる。

ボディビルでもそうだ。春日はジムではあまり人と会話をしないが、東京オープンで初めて入賞したときは「おめでとうございます」と会員さんやトレーナーさんたちに声をかけていただけた。これが予選落ちだと、話しかけづらいでしょうな。

だから、やるとなったらしっかりと勝利を目指したほうがいい。「コロッと負けるのもおもしろいのではないか？」という発言は撤回したい（笑）。

太田君、アクシデントに見舞われながらも優勝するなど、あんなにかっこいいことはないですわ。それが〝笑い〟というカテゴリーに入るかどうかはわからないが、観る人に何かが伝わるという意味では「本気で優勝を目指す」ということも芸人がやるべきことの範疇《はんちゅう》に入っているのではないか。〝勝つ〟というエンターテインメントだと思う。

一方で、前にも触れた当日まで真剣に減量に取り組みながら体重オーバーで大会に出られず泣きわめいていた同じジャングルの斉藤君（笑）。春日の中で、近年でいちばんおもしろかった出来事だ。本人が意図したものではなかったが、あれは完全に〝笑い〟として成立していたと思う。〝負ける笑い〟とでも言うか。

しかし、斉藤君の体重オーバーと今回の春日の1回戦負けとではどちらも同じ〝負け〟であるにせよ、どこか性質が異なっているような気がする。しかし具体的に何がどう違うのかは、自分でも解析できていない。

春日の1回戦負けは、笑いよりも〝ガッカリされた感〟のほうが強かった。そ

こは芸人として目指すところではない。まだ春日の中に明確な答えはないが、勝てないまでも「限界まで挑戦する」というエンターテインメントもあるのかもしれない。

〈2017年5月〉

筋肉には人を笑顔にする力がある

初めてボディビルの大会に出場して数年経《た》ったころから、「ボディビルをやっている芸人」という見られ方をしてもらえるようになったが、当時すでになかやまきんに君が活躍していたし、すぐに体が大きくなるとも思っていなかったので、筋肉芸人になろうという考えは当初はまったくなかった。

ただ、ムキムキになったらおもしろいだろうな、という思いはあった。筋肉というのはなぜかおもしろいというか、人を笑顔にする力がある。

ボディビル大会のＤＶＤを見ていて、ビルダーがゲストポーズで客席を練り歩き、その周りで子どもたちがワーワーとはしゃぎ回っているシーンを見たときは、「なんだこれは!?」と軽い衝撃を覚えた（苦笑）。

銀座のゴールドジムでよく流れている鈴木（雅）さんのＤＶＤも好きだ。おそらくクリスマスシーズンだと思うが、それは恵比寿ガーデンプレイスで行われた募金を呼びかけるチャリティーイベントで（＊4）、子どもたちがハンドベルを鳴ら

したり、コートやジャンパーを着込んだ観客がそれを見つめていたりする中、鈴木さんがビルパン一丁で登場してポージングするという（笑）。

筋肉がある人には、なんだかゆるキャラのようなおもしろさがありますな。すごすぎて笑ってしまうというか。ベストボディなどにはかっこ良さを感じるものだが、その「かっこいい」を通り越した先にボディビルは存在する。

イベントなどで振る舞われる巨大パエリアや、商店街のお祭りでつくられる長い海苔《のり》巻きなど、なんだかおもしろい。デカすぎるだろと（苦笑）。ここを超えればおもしろいものになる、というラインみたいなものがあるのかもしれない。

理解されないことに必死になる楽しさ

これが筋肉になると、体をつくりあげるまでの過程だったり、日常生活における苦労だったりと、その裏にある努力を感じ取ることができる。おもしろいだけではなく、そこには驚きや尊敬の念も加わってくる。憧れの感情も入ってくるかもしれない。

だからムキムキの体は、お笑い芸人にとっては「つかみ」になる。変わった衣装を着たり、変わったメイキャップをしたり、変わった髪型にしたりすることと同じだ。あまり変わらないような気がする。

また、その裏にある苦労や努力が想像できるほど、見ている側にも受け入れられやすいと思う。変わった髪型にしても同じだ。例えば、ちょんまげ姿の芸人のお侍ちゃん。普段の生活はどうしているのだろうと（笑）。

そこまで徹底して取り組んでいると見ている側のハードルが下がる。「そこまでするなんてすごいな!!」という興味が生まれて受け入れてもらえる。筋肉も同様で、ある一線を越えたとき、おもしろアイテムになるのだと思う。

ボディビルに本気になって取り組むと、確実に周囲から浮く（苦笑）。しだいに頬がこけていき、日に日に肌が黒くなり、異様な感じになっていく。初めてコンテストに出たとき、番組で共演していたあき竹城さんは、春日が重い病気にかかったと思い込んでいた（苦笑）。

そうやって他人に理解されないことに必死になるところに、春日はボディビルの楽しさを感じている。春日の場合は番組の企画から入ったが、トップビルダー

の方々がなぜボディビルを始めるようになったのか、その動機を聞いてみたい。春日はかっこ良さよりも、「どうやったらそこまでになるのか?」という体になったときのおもしろさを取りたい。常識を超えるとそこには笑いが生まれる。まだまだだが、そこまでの体に私はなりたい。

〈2018年7月〉

＊4　チャリティーイベント：第1回となる1979年(国際児童年)から日本ユニセフ協会が主催する「ユニセフ・ハンド・イン・ハンド募金」。鈴木雅氏は同会場でポージングを披露した。同協会大使を務めるアグネス・チャンのほか各界著名人が登壇し、募金を呼び掛けている。

ボディビルの普及が招く危機!?

近所のスーパーに行ったときのこと。季節柄、鍋のコーナーが設けてあったのだが、そこに掲げられていたのがなかやまきんに君のポップ。鍋のスープのイメージキャラクターに起用されていて、「パワー!」のフレーズと共に売り場の一角を陣取るその様はまさに壮観。「すごいなー」なんて言いながら妻のクミさんと一緒にそれを眺めた。

芸人を含めメディアに出ている筋肉系のタレントで、今、最もメジャーな存在はなかやまきんに君だと思う。東京ノービスで優勝してから、メディアへの露出がさらに増えたような印象を受ける。実力と知名度はあったが、優勝したことでさらに箔《はく》がついたと思う。例えば、もともとよくテレビで見かける漫才コンビがＭ－１でも優勝して実力を証明した、みたいな感じだろうか。

そしてまた、きんに君のＹｏｕＴｕｂｅチャンネル(＊5)はおもしろい。昨今はフィットネスブームとも言われているが、それにはきんに君の影響も少なから

ずあるのではないだろうか。

というのも、2020年はコロナ禍で長い自粛生活を余儀なくされた。その結果、体を鍛える人が増えた。自宅にいても特にやることがなく、外出もできないから体も鈍《なま》る。そこでYouTubeを参考にしながら家トレーニングをしていたという人が多かった。その中の、より本格的にトレーニングを知りたいという人がボディビルダーの動画を見るようになった、ということもブームの一端を担っていると思う。

そしてこれからボディビルダーの動画を見てみよう、参考にしてみようという人たちにとって、きんに君のYouTubeチャンネルは手始めに入りやすい存在だろう。ボディビルダーとしての実績があり、芸人だからおもしろい。内容も本格的。初心者だけでなく、トレーニングを長く続けている人が見てもためになるチャンネルだ。

「気持ち悪い！」の反応が欲しいのに…

そのようなことがあり、筋肉タレント、筋肉芸人のイメージが徐々に変わってきているような気がする。少し前までは〝筋肉バカ〟みたいなイジられ方をしていたのが、ボディビルなどコンテストの模様がテレビやネットニュースでも扱われるようになり、体づくりの大変さが世間にも浸透していくにつれて、次第に尊敬の対象になってきたと思う。

これは春日にとっては由々《ゆゆ》しき事態だ。以前、『ラヴィット！』（TBS系）の正月特番の収録があり（2022年1月2日放送）、春日も呼んでいただいた。企画は東京ホテイソンのショーゴ君が選ぶボディビルダートップ3。3位が合戸孝二選手（P25参照）、2位が横川尚隆《なおたか》選手（＊6）、そして1位が須江《すえ》正尋《まさひろ》選手（＊7）。

ロケーションが行われたのは大塚のゴールドジム。ボディビルを追い続けているカメラマンの岡部みつるさま、春日、ショーゴ君の3人で進行していくという形だったのだが、収録日がゴールドジムのイベントの翌々日だったからか、イベ

ントに来ていた合戸選手もちょうどジムにいらしていた。静岡在住の合戸選手と東京でお会いする機会はなかなかない。ショーゴ君も感激していた。

これはスタジオでVTRを見ているMCの川島（明）さんの「どんなトップ3なんだよ!?」や「何を見せられてるのですか？」などといったリアクションによって成り立つ企画だ。マニアックな競技だからこそ成立するおもしろさである。

それが、ボディビルが一般にも普及することで、いつかはそのような笑いが生まれなくなってしまうのではないかという危惧が春日にはあるのだ。かつては「学生のころは卓球部でした」と言うとイジられたものだが、オリンピックでメダルを獲る活躍などからくる卓球人気で今はイジられることはないと思う。ボディビルにも、そういう時代が来てしまうのではないかと。

ボディビルが広まることはうれしいと思う半面、春日はバッと服を抜いだときに起こる「キャー！」や「気持ち悪い！」など、そんな反応が欲しい（苦笑）。「すごい！」「かっこいい！」と言われると、逆に困ってしまう。

ボディビルを元にしたネタは大喜利などでも使い勝手が良い（苦笑）。それが使えなくなるというのは、厳しいですな。ボディビルには、あと10年くらいはマニアックな競技のままであってほしいのだ（苦笑）。

〈2024年2月〉

*5　きんに君のYouTubeチャンネル：2006年に開設された「ザ・きんにくTV【The Muscle TV】」。チャンネル登録者数258万人（2025年1月7日時点）。なやかまきんに君が自ら企画・撮影・編集を行ない、これまでに培ってきた経験や知識を元に健康・トレーニング動画を投稿する。https://www.youtube.com/channel/UCOUu8YlbaPz0W2TyFTZHvjA

*6　横川尚隆選手：1994年生まれ。東京都大田区出身。2016年に日本ジュニアボディビル選手権優勝、世界ジュニアボディビル選手権2位。2017年に日本クラス別ボディビル選手権80kg以下級優勝、東京ボディビル選手権優勝。2018年に日本ボディビル選手権2位。2019年に日本ボディビル選手権優勝。タレントとしてもバラエティ番組などを中心に活躍。

*7　須江正尋選手：1967年生まれ、埼玉県出身。1988年と1989年に全日本学生ボディビル選手権2連覇を達成。1993年に選抜70kg級優勝。2006年に日本クラス別選手権75kg級優勝。2008年と2009年には日本選手権2位。その象徴的な背中で〝伝説〟と称される日本屈指のボディビルダー。埼玉県東松山市に自身のジム『GYM SUE』を構える。

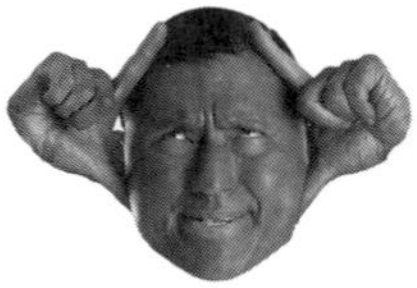

筋肉芸人のいる番組システム

この本の元になった連載が始まった2014年当初と比べると、世の中での「フィットネス」の浸透度もかなり変わってきた。体づくりや食に対する意識が一般にも定着してきたように感じる。

筋肉芸人、筋肉タレントと呼ばれる人たちも、ここ数年でかなり増えてきた。これは春日にとってはうれしいことで、仲間が次第に増えてきたような感覚だ。最近は、ジャングルのおたけちゃん、そしてマヂカルラブリーの野田（クリスタル）君と番組で一緒になることが多い。野田君とは「いつか2人で筋肉関係の企画をやらせてもらえたらいいね」という話をしたりしている。

仲間が増えたことで、そうした筋肉芸人、筋肉タレントさんたちと一緒に仕事ができる機会も多くなった。横川（尚隆）さま、野田君、A.B.C-Zの塚田（僚一）君たちと出させていただいた、日本テレビの『ぶらり筋道中　マッスル旅行』（通称「ぶら筋」。2022年6月12日放送）もそうだ。

春日たちのような芸人、タレントが集まって、そこに筋肉にあまり興味がない人、トレーニングに詳しくしない人が1人加われば、もうそれだけで成立する。そして、我々がマニアックな話で勝手に盛り上がってリードしていくというスタイルが良いのだ。

話の内容もバランスも大事で、あまりにも理解されづらい話題だと観ている人が置き去りになってしまう。かといって、わかりやすすぎて、受け入れられすぎてしまうと、それはそれでおもしろくない。

その点この「ぶら筋」はかなり丁寧につくられていて、我々が勝手に盛り上がりつつもそこに専門的な正しい知識を入れ込んで、トレーニングに興味がある人が見ても「なるほどな」と思え、参考にもなる内容になっていて、その専門性が番組のおもしろさを助長させているように思う。これからも続けていただきたい番組だ。

「筋肉女性芸人」はただいま空席

このような番組は、集団で出演しているから成立する。もし春日1人が出たとしたら、ただの変な人、「何言ってんだよ」で片づけられてしまうだろう（苦笑）。だから「クズ芸人」みたいな感じで、「筋肉芸人」「筋肉タレント」というジャンルが確立されてきたのかもしれない。クズ芸人も1人だけではあまり発展性はないが、「クズ芸人」という一つのジャンルになることで広がりが生まれる。「筋肉芸人」「筋肉タレント」も、人数が増えて集団になったことで企画の種類やロケーションの幅が広がってきたように感じる。

あとは女性の筋肉芸人が現れてほしいですな。といってももしかすると春日が知らないだけで、ライブで活動している若手の芸人の中には、すでにいるのかもしれない。

女性芸人の中にもギャルであったり元自衛官であったりがいるのだから、〝筋肉〟がいてもおかしくはない。ボディビルではないが、実際にウチの事務所にもプロボクシングの日本ランカーになった女性芸人（かぎしっぽ・さち＊8）がいる。「筋肉女性芸人」のイスは現在、空いている。それに気づいて、トレーニングに取り組んでいる女性芸人はおそらく存在すると思う。

女性でバキバキの体というのは、見た目のインパクトがある。実際におもしろくないことにはなかなか世に出てこられないと思うが、テレビのネタ番組などで、筋肉女性芸人を見かけるようになる日もそう遠くはないような気がする。

ＢＣＡＡやクレアチンがどうのこうのと、そういった話の中に女性芸人が１人いると、さらに盛り上がりそうだ。筋肉女性芸人を交えて、「ぶら筋」をやりたいですな！

〈２０２３年２月〉

＊8　かぎしっぽ・さち：さちとれおてぃの女性コンビ。ツッコミ担当のさちは、2020年にボクサーライセンスを取得。2021年11月に女子ミニマム級4回戦でプロデビュー。翌年、アトム級に変更。

『炎の体育会TV』終了に想う

長きにわたって出演させていただいた『炎の体育会ＴＶ』が２０２３年３月18日の放送で最終回を迎えた。ボディビルから始まって、フィンスイミング、レスリング、ウエイトリフティング、エアロビクスと、この番組ではいろいろな競技に挑戦させていただいた。

２０１４年に東京オープン選手権大会に出場して以降、「今年はどんな競技をやるのだろう？」とワクワクしながら過ごしてきたような気がする。ただ、実際に競技が決まって企画が動き出すと、毎日練習をしなければならないので、いざ始まると面倒くさい日々を送ることにはなったのだけれども（苦笑）。

そういったことがなくなるのは、気がゆるむとまではいかないが、気持ちに張り合いがなくなるということはあるかもしれない。試合に出ることは、ライブや舞台などに臨むときと同じような緊張感があった。それなら、これからはその熱をお笑いに注げばいいじゃないかという話なのだが（苦笑）、そうした緊張感を一から挑戦した競技で感じていた、ここ数年間だった。中でもボディビルは、今の春日にも大いに役立っている。先日も収録で、雑巾を絞りながらそのまま力を入れてマスキュラーポーズ（＊9）……、ということをやったばかりだ。

エアロビクスも見た目のインパクトはボディビルに近いものがある。うれしさを表現する際、開脚ジャンプをしたりすると、「何やってるんだよ！」となる。非常に使い勝手が良い。

レギュラー放送が終わっても、特番という形式で残る番組もある。もし『体育会TV』が特番として残れば、その1回の放送のためだけに密《ひそ》かに練習していた、ということをしてもおもしろそうである。

春日は番組制作のことはよくわからないが、制作班が解散すると、密着取材ができるスタッフさまがいないという可能性があるだろう。しかし春日はたとえカメラがついてこなくても、特番のためだけに長い期間練習をするということもおもしろいと思う。一から始めなくても筋肉トレーニングは続けているので、またボディビルの大会に出るというのも良いかもしれない。

たった1回の特番のためにそこまでできるか?と考えることは意味がない。なぜなら、レギュラー放送のときもそれに近い状況だったから。何カ月も練習してほぼほぼそれを1回にまとめて放送していた。エアロビクスでアジア大会に出たときも、1年間くらい練習して放送は1回だけだった(笑)。だからたとえ特番のためだけに練習することになっても、春日がやることはあまり変わらないだろう(苦笑)。

あき竹城さんの応援というモチベーション

大会出場に至るまでの過程が回数を分けて少しずつ紹介されていたわけでないので、最初にボディビルに挑戦したときは、前にも触れたようにあき竹城さんが本当に心配してくれた。東京オープンに出場することをご存知なかったので、収録で会うたびに痩せていく春日を見て、何か重い病気にかかったのではないかと。

そして春日がボディビルの大会に出ることを知って「良かった!」と安堵《あんど》して、試合後には感動して泣いてもいただいた。その後も、あきさんにはいろいろな競技の試合の際に会場で応援していただいた。番組からは２０２０年9月に卒業されたが、あきさんの応援は様々な競技に挑戦する上でのモチベーションになっていた。

お話をしたのは２０２２年5月、エアロビクスのアジア大会の試合前に電話で激励していただいたのが最後になった。そのあきさんがこの年の12月にお亡くなりになり、番組も翌２０２３年3月に終了。節目を迎えたような、一つの区切りがついたような、そのような気がする。

〈２０２３年5月〉

*9　マスキュラーポーズ：三角筋（肩）・僧帽筋・胸や腕のデカさなど筋肉を強調するポーズ。

第3章 筋肉芸人交遊録

LINEグループ「ゴールドジム」

ボディビル大会に出場してしばらくしたころ、小島よしお君からいきなりＬＩＮＥのグループの誘いがきた。グループの名前は「ゴールドジム」（笑）。メンバーは品川祐さま、レイザーラモンＨＧさまといった面々。

お笑い業界にも、体を鍛えている人はたくさんいる。朝方5時くらいに原宿のゴールドジムで三又又三さまと遭遇したこともあった。ＨＧさまや小島君はベストボディの大会にも出場しているし、関西では矢野・兵動の矢野さまがボディビル大会（尼崎ボディビル選手権大会）に出て優勝したそうだ。小島君からＬＩＮＥの誘いがきたということは、春日も「筋肉芸人」というカテゴリーに片足を突っ込んでいるということなのかもしれない。

ただ、東京オープン選手権大会に出場したあともトレーニングは続けているが、そういった芸人さまと時間を合わせてジムで共にトレーニングすることはない。ジムには行ける時間に１人で行っている。

現在、トレーニングが生活の一部にはなっているものの、トレーニングすることが「普通」になってしまっている。ジムに行くたびに新しい発見があるわけでもないし、使用重量が伸びてうれしいということもない。鈴木雅さんにつくっていただいたメニューをただこなしているだけ。それが悪い意味でのルーティンになってしまっている。

それに、トレーニングは1人でやったほうが楽をしてしまう。どうしても「こんなものでいいか」という気持ちに陥りがちになるので、追い込むことがなかなかできない。1人では、補助についてもらって限界からのあと2回、ということができない。

また、同じマシンばかりを使っていると、新鮮味がなくなってくる。そして、自分のフォームを疑うことがなくなる。

この前もベンチプレスをやっていたら、トレーナーさまに「手幅が狭い」と指摘された。実際に手幅を広げてやってみたら、胸にしっかりと効くようになった。

1人でトレーニングしていると、こういう発見がなかなかできない。きちんとトレーナーさまについてもらおうかどうしようかと思案に暮れる日々である。い

ずれまた東京オープン（現・東京ノービス）に出場することになりそうなので、このあたりのことは一刻も早く打破しなければなりませんな。

「下の毛を剃っているんですよね」

本当に出場するとなると、また減量する必要が出てくる。だから、「あまり体重が増えすぎると減量がキツくなるぞ」「イチから減量するのは大変だぞ」という意識が頭の片隅にある。その半面、「直前でかなり体重を落とせたので、来年も大丈夫かもしれない」という気持ちもなきにしもあらずだ。

大会直前になって筋肉を2倍、3倍に増やすのはどうやっても無理。できることは減量と日焼け、あとは毛の処理くらい。考えてみれば、下の毛を剃るということも、ボディビルの大会に出ない限りはなかなかできない経験だ。

ある日の楽屋、ウーマンラッシュアワーの中川パラダイスが、それまであまり話したことがなかったのに、いきなり話しかけてきた。第一声が、

「兄さん、下の毛を剃ってるんですよね。僕もなんです」

？？　なになに？　聞き返してみると、テレビ番組のドッキリに引っかかり、下の毛を全部剃ったとのこと。どういう種類のドッキリなんだとは思ったが、それ以来、何かに目覚めて「ない状態」にハマってしまったらしい。

「兄さんは今も下の毛、剃ってるんですか？」

「いや、これは趣味で剃ったわけではないから」

春日はボディビルに出場するために剃っただけで、別にそういう性癖の持ち主ではない。

「そうなんですか……。じゃあ、僕とは違いますね」

なんなのだろう？　この会話。そのうちに中川パラダイスから「下の毛ない芸人」というＬＩＮＥグループの誘いがくるかもしれない（笑）。

〈２０１５年１月〉

そんなLINEグループでもなぜか浮く!?

番組で「ボディビルダーたちを前にボディビル漫才を披露する」という企画をやったときのこと。それは、観客が全員、ビルパンを穿いたボディビルダーで、その方たちを前にしてボディビルの〝あるあるネタ〟を含んだ漫才をやるという企画だった。

ネタづくりの資料として渡されたのが『IRONMAN』などのボディビル専門誌。「いい仕上がりだわ」「やっぱり合戸さんはすごいわ」と声を上げながら食い入るように雑誌を見つめる春日の横で、「なんだこれ!?」「何がどうなってんだ!?」と外国人ビルダーの肉体に驚きを隠せない若林（正恭）さん。そこで思った。ああ、春日も麻痺《まひ》してきたなあと（笑）。

ボディビルに対する一般的な反応を示したのは若林さんのほう。春日は素晴らしく仕上がったボディビルダーの写真を見ると、「うらやましい」とさえ思って

090-091

しまう。
世間で「いいカラダ」と言われている人たちの体を見ても、「仕上がりが甘いな」「そこから絞るのが一番キツイのだよ」と思ってしまうし、ボディビルダーを見慣れたせいで、プロレスラーを見ても、今の自分の体を見ても、「キレがない」「甘い」と感じるようになった（苦笑）。

特に気になる部位は下半身。脚のトレーニングはキツいからこそ、自分でも「ちゃんとやろう」と意識している部位だ。ジムで腕が太い人を見かけても、脚が細かったら「まだまだだな」と（笑）。逆に脚が太い人を見ると、「うわ、すごいな！」と尊敬の念を抱く。

そもそも、移動中の愛読書が『ＩＲＯＮＭＡＮ』という時点で、どうかしている（笑）。海外ロケに出向く際の飛行機の中や空港のラウンジで読む雑誌は、日本から持参した『ＩＲＯＮＭＡＮ』。小脇に抱えて空港内を歩いたり、機内で普通に読んだりしている。周りの人たちやＣＡさまからはヤバいやつと思われているのかもしれない（笑）。

満遍なく読んではいるが、やはり目が留まるのはコンテストリポートのページだ。日本選手権のファイナリストの方々よりも、地方大会の入賞者のほうが身近に感じられて目標になる。「ああ、このくらいに仕上げればいいんだな」と。

他によく読むページは栄養学のコーナーとお宮の松さんのコラム(＊1)。同じ芸人ということもあって、どのようにしてトレーニング時間を捻出しているのか、どのくらいの頻度でトレーニングしているのかなど、非常に参考になる。

もう後戻りはできない領域へ

芸人といえば、前述のように春日のLINEには「ゴールドジム」という芸人のグループがある。メンバーは品川祐さま、レイザーラモンHGさま、小島よしお君など8名ほど。そのグループではけっこう話が盛り上がっているのだが、春日は完全に乗り遅れている状態。

みなさまは朝から原宿でトレーニングをされている。春日にとっては、それは早朝といえる時間帯。参加するのがなかなか困難。LINEの会話にも加われていない。

この間も小島君から「いっしょにやりましょう」と呼びかけられたので「時間が合わないのだよ」と返事をしたら、品川さまから「春日いたの!?」とツッコまれてしまった（苦笑）。そこに参加できたら、他の人から刺激を受けたり、フォームをチェックしあったりできるからいいのだろうけど……。

以前も話したが、春日は基本的には1人でトレーニングしている。「ホーム」と呼べるジムは中野のゴールドジム。原宿や表参道にはオシャレなイメージがあるが、中野は庶民的な雰囲気があって、なんだか落ち着く。空気感が渋い大井町店も、仕事の合間にちょくちょく利用している。

ハードコアなイメージのある中野や大井町が妙に馴染《なじ》むということは、本当にもう後戻りできない領域に足を踏み込んでしまっているのだろう（笑）。

〈2015年2月〉

*1　お宮の松さんのコラム：月刊誌『IRONMAN』連載「お宮の松 新チャレンジ　50代からの『やり直し』筋トレ！」（2025年1月号時点で第30回。「カリスマトレーナーへの道」を改題）。

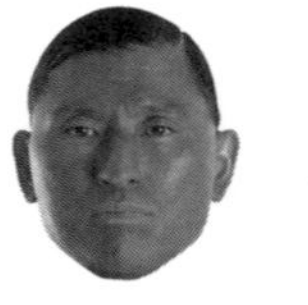

「なかやまきんに君」という存在

芸人の間にも「先輩・後輩・同期」という関係性はもちろん存在する。我々オードリーの場合は、ナイツや流れ星などが同期にあたる。ところが、相手が吉本の芸人になると、先輩なのか同期なのか、本人同士で話をすり合わさないとわからなくなる。

東京の、吉本以外の事務所の芸人はライブで一緒になることが多いので、誰が先輩で誰が後輩なのか、把握しやすい。しかし、吉本の芸人は主に吉本の劇場に出演しているので、我々と同じライブに出ることはなかなかない。だから、実際に会ったときに確認してみないことにはわからないのだ。

しかし一組の吉本芸人が自分たちと同期だとわかると、そこから先が見えてくる。吉本同士だと「ＮＳＣ○期生」という区分けがあるからだ。例えば我々とピースが同期であることが判明すると、ということはピースと同期のＮＯＮ ＳＴＹＬＥ、平成ノブシコブシ、キングコング、ダイアンも同じ芸歴なのかというよ

094-095

うに。

２０２１年の東京ノービスボディビル選手権大会で優勝したなかやまきんに君も、どうやら同期のようだ。実は学年も年齢も同じなのである。

しかしながらボディビルでは、きんに君のほうがずっと先輩だ。また、きんに君はテレビに出るようになるのも我々よりずっと早かった。春日がテレビに出始めたころは、「これから活躍する新しい人たち」という括《くく》りで、ジョイマンや髭男爵さまたちと一緒になることが多かったのだが、きんに君はその前からすでにテレビに出ていたので、そうした番組で顔を合わせることはなかった。

「純粋な筋肉ネタ」唯一の使い手

もともと春日はきんに君の芸風は好きで、サバンナの八木真澄《ますみ》さまと組んでいた「ザ☆健康ボーイズ」も大好きだった。Ｍ－１で一緒になったとき、舞台の袖から見ていたほどだ。春日の中で「筋肉芸人」と言えば、なかやまきんに君だ。

なので、ボディビルを始めて2年目に東京オープンの決勝に進み、きんに君と

並んでポーズを取ったときは感動を覚えた。『炎の体育会TV』の企画でゼロから始めたものが、きんに君と同じステージに立てるところまで行けた。

当時は春日も、自分が筋肉芸人になるとは思っていなかった。今では筋肉芸人として同じ番組に出ることもあるが、長い間筋肉芸人として活動してきたきんに君と同じ場所にいることが何だか不思議に感じる。

筋肉芸人と言われる人は増えたものの、純粋に筋肉を使ったネタや芸をする芸人はきんに君だけだと思う。春日も番組でボディビルのポージングなどをやるが、あれは筋肉（ネタ）ではないから。

筋肉を使って何かおもしろいことをやろうとすると、例えばめちゃくちゃ大きな声を出したりなど、結局「なかやまきんに君」ぽくなってしまう。「パワー！」は春日も普通に使わせてもらっている（笑）。

痩せた人を見て「神経質そうだな」と思ったりなど、見た目で抱くイメージというものがある。それと同じで、ボディビルダーを見たときに多くの人が抱くであろうイメージを形にしているのがきんに君なのかもしれない。

一時期流行したボディビルのかけ声（*2）も、おもしろさの方向性はきんに君と同じだ。今後の筋肉芸人は「その方法があったか」というものを見つけていかないと難しいかもしれない。春日は芸人の間で体を鍛えることが流行《はや》る前にボディビルを始めたので、ぎりぎり筋肉芸人枠に入ることができたのだと思う。

また、春日はテレビのカメラが入った３大会にしか出ていないが、きんに君はその後も出続けた。本当に優勝したかったのだと思う。大会を盛り上げたという意味で２人でボディビル専門誌『ＩＲＯＮＭＡＮ』の表紙を飾らせていただいたことがあった。この前きんに君は優勝者として『月刊ボディビルディング』の表紙を勝ち取っていた。かつて同じ大会に出ていた春日よりもはるか上を行ってしまったと感じる。

〈２０２１年８月〉

*2　ボディビルのかけ声：ボディビルの学生大会などで選手のポージングの際に会場からかけられる応援の言葉。「キレてる！」「デカい！」「ナイスポーズ！」のほか「大胸筋が歩いている！」「肩にちっちゃいジープのせてんのかい！」などひねりを利かせたものもあり、『ボディビルのかけ声辞典』（スモール出版・2018年）としてまとめられたこともあった。

筋肉芸人の棲み分け理論

トレーニングをしている人は感じたことがあるかもしれないが、コンテストに出たことがある人と出たことがない人の間には、目には見えない壁のようなものがあるように思う。

コンテストは鍛えた体を第三者に評価され、順位という形で勝敗がつく。そこに至るまでは厳しい減量、ポージングの練習、日焼けなど、やらなければいけないことがたくさんある。コンテストに出るとなると、命を削る思いでそれらに取り組まなくてはいけない。これは経験値としてかなり大きい。たった一試合だけでも貴重な経験が積めると思う。

また、コンテストに出たことがない人が「ボディビルダー」を名乗ると、実際に大会に出ている方々はそこに違和感を覚えるのではないだろうか？　春日はもう何年もコンテストには出ていないが、出場した経験があるので、ボディビルダーを名乗ることやカメラの前でポージングをすることに対して後ろめたさを感じたことはない。

春日が何か競技に挑戦する際、見ている人に「しょせん番組の企画でやっているのだな」「付け焼き刃でやっているな」と思われないように気をつけている。その競技をやっている人は、ちゃんと練習してきたかどうか、ちょっとした動きを見ただけでわかる。小手先のごまかしは通用しない。

ボディビルの場合、コンテストに「出ている」「出ていない」の違いは大きいと思う。出てもいないのに「ボディビルダー」は名乗れない。

これは春日の感覚だが、たとえトレーニング歴が1年しかなかろうが、一度でもコンテストに出ていれば、その方はボディビルダーだと思う。

コンテストに出るだけでも大変なのに、そこで優勝したなかやまきんに君は、本物のボディビルダーであるし、筋肉芸人の中でも一つ抜けた存在だ。

2021年の大会では元・超新塾のコアラ小嵐君も優勝した。ミルクボーイの駒場（孝）君も大阪の大会で優勝している。実際にコンテストに出て、しっかり仕上げた状態で舞台に立ち、さらに優勝するとはすごいことだ。

面白いか否かよりも「バルク」を見る

筋肉芸人と呼ばれる芸人も増え、その中でも少しずつ棲《す》み分けができてきたように感じる。マヂカルラブリーの野田君がかなり鍛えているという話は以前から聞いていた。彼はボディビルというよりも「重いものを持ち上げたい」など、どちらかといえばパワーリフティング寄りの志向のようだ。

また、トム・ブラウンのみちおちゃんは力が強い、元消防士のワタリ（119）君は体力があるということで番組に呼ばれることがある。一口に筋肉芸人といっても、ボディビル系、パワー系、体力系など細分化が進んできているのかもしれない。

ジャングルポケットのおたけ君がトレーニングをしていて、マッスルゲート（*3）というコンテストへの出場を目指しているということがネットニュースで取り上げられた（*4）。東京ホテイソンのショーゴ君も週5回のペースでゴールドジムに通っていて、4カ月で14kgほど減量したことが話題になった。コンテストへの出場も目指しているようだ（＊5）。

千鳥さんのネタ番組を見ていたら、なかやまきんに君と一緒にショーゴ君が出ていて、また新しい筋肉芸人が現れたなと思った。そういう人を見ると、ネタよりも体の仕上がりに目がいってしまう。

バルク（＊6）がものすごかったり、バキバキに仕上げている芸人がこの先出てきたら、これはマズイぞと、春日も焦るかもしれない。おもしろいかどうかよりも、筋肉のほうが気になる。もう完全にビルダー目線になってしまっていますな（笑）。

〈2021年9月〉

＊3　マッスルゲート：ゴールドジム主催のボディコンテスト。コンテスト初心者が出場しやすい入門向けの大会というのがコンセプト。第1回大会は2017年に神奈川県・江の島で開催された「マッスルビーチ」。2019年の第3回大会から「マッスルゲート」に名称変更。

＊4　おたけの成績：2022年10月23日「マッスルゲート愛知」のメンズフィジーク172㎝以下級に出場し、予選審査敗退。マッスルゲートへの出場は2021年（マッスルゲート名古屋。予選敗退）に続く2回目。

＊5　ショーゴの成績：2023年2月12日「マッスルゲート兵庫」の新人の部の168㎝以下級で初優勝（本書P109〜112「M‐1」開催!?』参照）。同年9月30日「マッスルゲート北陸」で一般の部の168㎝以下級で4位。2024年6月1日「マッスルゲート栃木」のメンズフィジーク一般の部の168㎝以下級で優勝。

＊6　バルク：筋肉の厚みを示す。一般的には大きさや容量を意味する。

コンテスト芸人の仲間感

近年はフィットネスがブームになり、「体を鍛える」ことが一般的にも特別なことではなくなってきた。ここ数年の間で「ボディビル」という競技も世間に浸透してきたような印象を受ける。

鍛えている人のイメージも、少し前とは随分と変わってきた。以前は、いわゆる「ムキムキの人」を見て多くの人が連想していたのは「おもしろい人」や「変わった人」などが大半だったと思う。

それが今では「おもしろい」よりも「すごい」や「ストイックに頑張っている」などの印象を抱く人が増えてきたと思う。トレーニング人口が増えるに伴《ともな》って、筋肉を大きくすることがいかに難しいかという理解が深まったように感じる。

実際に、フィットネスが身近なものになったこともあり、コンテストに出場する芸人も増えてきた。２０２１年10月にマッスルゲートにジャングルポケットのおたけ君が出場したことは前項で触れた。

102-103

「大会に出る」ということは簡単ではない。筋肉を大きくすることも大変だが、コンテストに出られるコンディションにまで絞っていくこともかなり大変だ。いろいろな犠牲を強いられ、ただトレーニングをしているだけでは決して得られない様々な経験が積める。

また、絞らないままノリでコンテストに出て、まったく仕上がっていない体をさらして笑いが取れるような時代でもない。おたけ君のように、たとえトレーニング歴が長くなくても大会に挑戦するということは、素晴らしいことだと思う。コンテスト経験者同士の連帯感というか、「仲間感」のようなものを覚えましたな。

番組企画で出演する人とは思われたくない

だから、タレントさまにしろ芸人にしろ、コンテストに出たことがあるという人には一目置いてしまう。それだけ真剣にトレーニングをしているのだと。「すごいな」と思う。

これは別にコンテスト経験がない人を下に見ているわけではなく、距離感の違いだ。経験している人のほうが近く感じるということ。「ジムには週3回通っています」と言われても「へー、そうなんですか」で話が終わってしまうが、「コンテストに出てます」と言われたら「何の大会に?」「減量、大変だったでしょう?」など会話が弾む。それこそ「仲間感」ですな。

春日もいろいろな競技に挑戦させていただいているが、「番組の企画で出場している人」と思われないように、試合に向けての準備は可能な限りしっかりとやろうと思っている。たとえ結果が振るわなかったとしても、そこに至るまでの過程でできる限りのことをやれば、同じ競技をしている選手たちに認めてもらえる。

特にボディビルは、野球やサッカーなどと比べると競技人口が少ないので、仲間感や戦友意識といったものが芽生えやすいと思う。

〈2022年1月〉

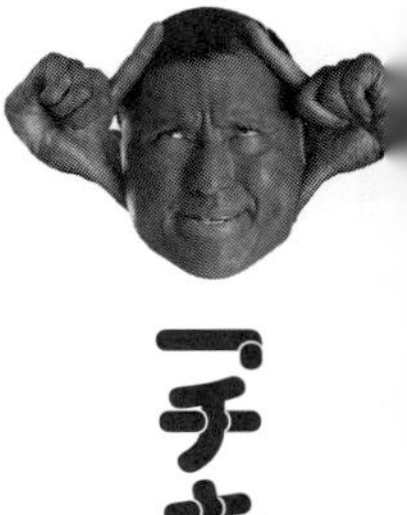

「チキンレッグ」に魅力なし!?

最近は、フィットネスへの認知と関心が高まってきて、「コンテストに出る」ということも以前ほど珍しくなくなってきた。また、「ボディビル」や「ボディビルダー」がメディアに取り上げられる機会もかなり増えてきた印象を受ける。

春日も2022年の春から夏にかけての時期は番組の収録で、ボディビル元日本王者の横川尚隆さまと一緒になることが多かった。お互いに「また会いましたね」など言い合っていた（苦笑）。

横川さまとは日本テレビの『ぶらり筋道中　マッスル旅行』という番組でもご一緒させていただいた。これは横川さま、おたけ君、塚田僚一君、春日というメンバーが筋肉情報を交えながら箱根を旅するという番組で（苦笑）、ロケーション中は横川さまからいろいろと教わることができた。例えば、リバースディップス（*7）はマシンよりもイスやベンチ台を使ってやったほうがいいと。それはなぜかというと、ポージングの動きに直結しているからだと。

つまり、ポーズを取ったときに使う筋肉が鍛えられるからポージングの動きに近いトレーニング種目も取り入れたほうがいい、とのことだった。横川さま自身も上腕三頭筋のトレーニングには、必ずリバースディップスを取り入れているそうだ。言われてみれば、確かにサイドチェスト（＊8）の動きに似ている。

他には、懸垂もお勧めだとおっしゃっていた。ポーズを取ったときの筋肉の形が良くなるからと。いくらすごい体をしていても、ステージでポーズを取ったときの見映えが良くないのは、ボディビル的には意味がない。横川さまのお話はかなり参考になった。

筋トレ井戸端会議へ

いわゆる「筋肉芸人」「筋肉タレント」と言われる人が集まると、やはりこうしたマニアックな話が会話の中心になる。「肩や胸はどういった種目をやっているの？」「今は何分割？」「プロテインはどこのやつ？」「EAA（＊9）って実際どうなの？」など（苦笑）。特に久々に顔を合わせる人とは、そういった話題が話のとっかかりになる。それこそ「どう、元気？」くらいの感覚だ。

『ドーナツトーク』（ＴＢＳ系）という番組に呼んでいただいたときのこと。これは女性の「ドーナツトーク（井戸端会議）」を覗《のぞ》き見するというコンセプトの番組なのだが、テーマが恋愛の回に春日に声がかかるはずがない（苦笑）。

ではなぜ、女性のトーク番組に春日が呼ばれたのだろう……と不思議に思いながらスタジオに行ってみると、なるへそ、そういうことかと。テーマは「筋トレ」。実際にコンテストに出場している３人の女性たちが会話するＶＴＲを見ながら春日がコメントする、という回だった。

その内容はなかなか本格的で、「大腿四頭筋のセパレーション」や「減量中のカーボ」など専門的な用語が頻繁に飛び交っていて、トレーニングの分割や頻度なども会話の題材になっていた。一般の方にしてみれば意味不明なＶＴＲだったのだが、トレーニーの方々が観ると、楽しめたのではないかと思う。

さらには、「上半身はバルクがあるのにチキンレッグな男はメンタルが弱い」「ダンベルを雑に扱う男は女の扱いも雑」とも。いいことを言う！

「チキンレッグ」とは、鍛えられていない細い脚のことだ。やはりしっかりとト

レーニングをされている女性は脚を見るのですな。これは非常に喜ばしいことだ。我々にとっても励みになる。「脚を鍛えていない男性はダメ」だと、地上波でよくぞ言ってくれた。春日も思わず「ほんと、そうなのですよ！」とＶＴＲ明けに熱弁してしまった（苦笑）。

他にも「生理痛がなくなった」「肌がきれいになった」など、クリーンな食事とトレーニングによって得られた効果も語られていた。こういった形でテレビ番組でボディメイクがクローズアップされることはうれしいですな。

〈２０２２年11月〉

＊7　リバースディップス：上腕三頭筋（二の腕）を鍛える自重トレーニング。ベンチに後ろ手で手を付き、脚を前方に伸ばした姿勢から肘の曲げ伸ばしを行う。
＊8　サイドチェスト：横方向から胸（チェスト）の厚みをアピールするポージング。
＊9　EAA：必須アミノ酸のサプリメント。「Essential Amino Acid」の略。アミノ酸の集合体であるプロテインよりも吸収スピードが速いとされる。

「M（マッスル）－1」開催!?

東京ホテイソンのショーゴ君がマッスルゲートで優勝した。ちょうどその大会の4日ほどあとに収録で一緒になり、「優勝するって、すごいね」という話をした。ショーゴ君は以前から「大会に出たい」ということを口にしていて、体をデカくしていた時期があった。それを見て、「ああ、これはついに出るのだな」と思い、「いつ出るのだい？」と聞いてみたら、「M－1が終わってからでないと厳しい」「減量をしているとM－1に集中できなくなるから」とのことだった。

そして実際に出場したのが、2023年2月のマッスルゲート兵庫大会だった。減量には半年もの時間を費やしたらしい。筋量を残せるように、時間をかけて絞り、しっかりと仕上げていったようですな。

半年というと、かなり長いと感じただろう。その間ずっと、「これは食べても大丈夫か？」や「このペースのままだとマズいな」などといったことがずっとつきまとうわけだから。モチベーションを維持することも難しいと思う。

春日はプライベートでは大会に出たことがない。東京オープン（現・東京ノービス）に出場したのは『炎の体育会TV』の企画だった。

順位はどうあれ、体の絞りが甘くて結果が伴わなかったということが、番組的にはいちばん見応えがない（笑）。だから「絶対に下手こけない」と思っていた。

また、ゆるい体で出場することもそれまでのバラエティでよくあるパターン。逆にちゃんと絞って出たほうがおもしろいだろうということもあり、それがモチベーションになっていた。

ショーゴ君はマッスルゲートに出るにあたって、東京ホテイソンのオフィシャルチャンネルとは別に、個人のユーチューブチャンネルを立ち上げたそうだ。それに加え、減量の進み具合をインスタグラムにも上げていたと。そのような〝見られる環境〟を自らつくった。モチベーションを維持するために、〝芸人〟という表に出る立場をうまく活用したと思う。

こうしてたくさんの芸人やタレントさまが大会に出るということは、いいことですな。それだけ〝フィットネス〟が一般にも浸透してきたということだろう。コンテストに出場した道端カレン君もＹａｈｏｏ！ニュースのトップに上がっていた。素晴らしいことだと思う。

筋肉芸人は体のデカさが8割

そして大会に出た芸人は、その後はメディアへの露出が増えがちだ。ただ鍛えているだけよりも、大会に出たときのバキバキの写真があったほうが番組として扱いやすいということもあるかもしれない。

毎週水曜日は『ヒルナンデス！』のスタジオで野田クリスタル君と一緒になるので、よく筋肉系の話をする。この前は野田君が主宰する「クリスタルジム」のファン感謝イベントがあって、ボディコンテストやデッドリフト大会（＊10）などが催されたと。

デッドリフトで優勝した子は250kgを引き、ウエイトリフティングの経験があり、体もかなりデカいらしい。他にも鍛え続けている芸人は吉本にはたくさんいるみたいだ。

そんな子たちが「筋肉芸人」の枠で番組に呼ばれ、ぱっと見で体がデカいと、

それだけでおもしろい。これからどんどんとデカい子たちが出てきたら、春日の立場も危うくなってきますな（苦笑）。

そういう子たちを世に送り出す場として、いずれ野田君がコンテストを企画してもらいたい。芸人だけのボディビル大会「Ｍ（マッスル）－１」。野田君は、Ｍ－１グランプリのチャンピオンでもあるので。

こんど提案してみようかしら？　実現した際には春日の助言から始まったコンテストということで、その大会のアドバイザーに君臨させてもらいたい（笑）。

〈２０２３年４月〉

---

*10　デッドリフト：下背部・臀部・脚部を鍛える代表的なウエイトトレーニングの種目。

CM中の筋肉芸人的意見交換

「取って代わる」ということは、いかなるジャンルでも起こりえるものだ。ユーチューブが出始めたころは「テレビに勝てるわけがない」と多くの人が感じていたと思うが、今はどうだろう。テレビを凌駕《りょうが》するほどのパワーを持つまでになった。

サブスクリプションも、こんなの一体誰が利用するのだと。これで映画やドラマを観る人などいるのかしら?……と思っていたら、街のレンタルＤＶＤ屋さまは減少し、多くの人がネット配信で映像を楽しむ時代になった。

サプリメントでも、恐らくそういったことが起こっているのだろう。春日がトレーニングを始めた２０１３年ごろと現在とでは、流通している商品もかなり変わってきた。当時はＨＭＢ(*11)などもまだ販売されていなかったと思う。

そこで今春日が気になっているのが、ＥＡＡだ。これは果たして、プロテインに取って代わるものになるのかと。

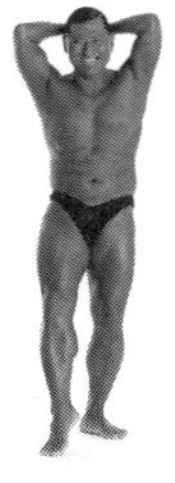

ＥＡＡにはスティックタイプのものもあり、携帯するのに便利だ。水に溶かさずに飲むこともできる。

持ち歩くときにシェーカーがいらないというのは、デカい。プロテインの場合、泊まりのときなどはシェーカーと最低でも2回分のプロテインが必要になるので、それが必要ないとなるとかなり楽だ。

ここ最近はまた、トレーニング後もプロテインを飲まないという人もいるみたいだ。トレーニング直後にプロテインを飲むということは春日の中では常識だが、数年後には「まだプロテインを飲んでいるのかい？」と言われるようになるかもしれない。

変化するサプリメントのトレンド

そうしたことが気になって仕方がなく、『ヒルナンデス！』オープニングの直前に野田（クリスタル）君に声をかけ、ＣＭの間ＥＡＡについての意見交換をした（苦笑）。

野田君は、「僕はまだプロテインなんですよ」とのこと。春日も、トップビルダーの方たちが「プロテインではなくＥＡＡを飲むようにしています」と言い出したら考えるかもしれないけれど、これまでずっとプロテインを飲んできたから今のところはまだこっちですな、と。

でも、いずれＥＡＡが主流になるのかしら？　どうなのだろうねえ……、という話をＣＭごとにずっとしていた（苦笑）。

サプリメントの種類や摂取方法にもトレンドがある。春日が10年以上前に教えていただいた当初から摂り続けているのはプロテイン、ＢＣＡＡ、グルタミン、ホエイペプチド。しばらく経ってから加えたのがクレアチンとＨＭＢ。

また、数年前から就寝前のプロテインをこっちのほうがゆっくりと吸収されるというのでホエイからカゼインに変えた。せっかくトレーニングをしているのに、プロテインを飲まないというのはもったいない。

就寝直前にもプロテインを飲んでいるが、最近は30分、１時間前に飲んだほうがいいという話を耳にするようにもなった。今のところ特に不具合は感じていないものの、胃腸などへの負担を考慮してもう少し早めに飲んだほうがいいのだろ

うかと思うようになっている。

また、体質的に乳製品自体が合わないという人もいる。ハマカーンの浜谷（健司）さまがそうだ。彼はホエイが合わないらしく、ソイプロテインを飲んでいるらしい。

春日はコンテストから離れてかなりの時間が経ち、『炎の体育会ＴＶ』も終わったので、大会に向けて何かの競技を練習するということもない。

体を追い込む頻度も減ったので、もしかしたら、「このサプリメントよりも、こっちのほうがいい」ということがあるかもしれない。このあたりで一度、これまで当たり前にやってきたことを見つめ直す必要があるかもしれない。

〈２０２３年７月〉

＊11　ＨＭＢ：必須アミノ酸の一種であるロイシンから体内で合成される物質で、筋肉の合成促進と分解抑制の効果があるとされている。

第4章 鉄人・春日の日常

「ボディビル」×「フィンスイミング」

２０１５年の春日は、２つの競技に同時に取り組むことになった。「ボディビル」と足ヒレ（フィン）を装着して泳ぐ「フィンスイミング」。どちらも『炎の体育会ＴＶ』の企画だ。３月にフィンスイミングの日本大会、５月はボディビルの東京オープン選手権、６月はイタリアで行われるフィンスイミング世界大会、というスケジュール。つまり、ボディビルのコンテストに出て、その約１カ月後にはイタリアに渡ってフィンの世界大会に出場することになる。

ここで大きな問題が一つ。それは、フィンの大会のために筋トレはなるべく控えてほしいと言われたこと。コンテストが終わってからの１カ月間は筋肉を大きくするチャンスだという。絞った状態から、しっかりと栄養を摂りながらトレーニングをしていくと、筋肉が大きくなりやすいらしい。この機会を逃したくはない。

コンテスト後にジムに行かない。これはパチンコに例えると、確変中であるに

118-119

もかかわらず、店を出て行ってしまうようなこと。理解できない行為だ。

確かに6月まではフィンの練習に専念すべきなのかもしれないが、せっかくのチャンスの時期にトレーニングをやらないのは、じつにもったいない。なのでほぼ毎日ジムに行くようにした。

フィンの練習は千葉の習志野《ならしの》で行なっていた。近くにはゴールドジムの幕張店がある。仕事を終えて、幕張のゴールドジムで1時間半トレーニングして、それからフィンの練習をする。5月はそんな日が多かった。

海外ロケーションの日は、出発時刻が朝の9時だった。その日は寝ずに始発の電車に乗って原宿のゴールドジムに向かい、トレーニングをして、7時にスタッフに迎えに来てもらい空港に向かった。そして1週間後、朝6時に帰国して、そのままジムに行ってトレーニングをし、フィンの練習をしてから仕事。

フィン世界大会の直前も、なんだかんだでトレーニングはやっていた。大会が開催されるのは現地時間の6月6日の土曜日。出発は、こちらの時間の4日の木曜日。

一応、フィンのコーチに「いつまでトレーニングはやって良いですか?」と聞

いた。コーチは「疲労を残したくないので、火曜日までには筋トレはやめておいてください」と。申し訳ないとは思ったが、春日はまったく守らなかった（苦笑）。脚はやらないほうがいいだろう、腹筋だけだったら大丈夫だろうというような感じで出発する木曜日の昼までトレーニングを続けていた。ただ、普段よりいろいろと考えながらトレーニングしていた。

その日は中野のゴールドジムでトレーニングを行ない、女子ボディビル元チャンピオンの水間《みずま》詠子《うたこ》さま（＊1）とお会いした。「いつから出発ですか？」「今日の夜です」という会話をしましたな。水間さまはフィンの日本の連盟の会長さまとお知り合いのようで、「会長によろしくお伝えください」とも。そのわずか数時間後には、日本を旅立った。

現地には金曜日の午前中に到着。翌日の午前中には世界大会が開催される。時差ボケをできるだけ解消するために、もう1日早く現地入りして体を慣らしたほうが良かったのだろうが、そうするとトレーニングできない日がまた1日増えてしまう。これも大変もったいない話だ。結果的に前日に入って良かったと思う。などと思いながらホテルに着くとまるで春日を誘惑するかのごとく、トレーニングの設備があった。ジムを見かけると、どうしてもトレーニングをやりたくなってしまう。しかし、ここは我慢。さすがに大会前日にトレーニングするのはまずいと思い、その日はフィンの練習だけにしておいた。

なんだかもう、トレーニングしないと落ち着かない体になってしまった。ジムに行かないとなにか気持ちが悪いというか。「ボディビル」というものに調教されてしまいましたな（苦笑）。

〈2015年8月〉

＊1　水間詠子さん：1965年生まれ。156㎝、52㎏。1992年の東京選手権で大会デビュー。その後、1994〜1998年に日本ボディビル選手権大会連覇。1997年にワールドゲームフィンランドライト級優勝。2001年にワールドゲーム・秋田大会ライト級2位、2003年には日本ボディビル選手権大会優勝。

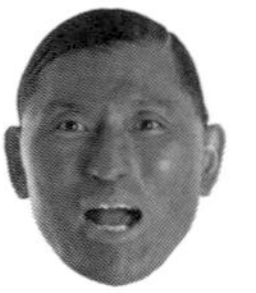

「ボディビル」×「フィンスイミング」×「レスリング」

２０１６年、『炎の体育会ＴＶ』の企画で、挑戦する企画がまた一つ増えた。この年は5月にボディビルの東京オープン選手権、6月にフィンスイミングの世界マスターズ選手権、さらには7月にレスリングの全日本社会人選手権というスケジュールになった。

ボディビルで狙うのはやはり優勝だ。２０１５年に75kg級で5位になったことで、さらに欲が出てきた。この1年間、「優勝はそこまで非現実的な話ではない」と思いながらトレーニングを続けてきた。

減量には2月の半ばあたりから入ろうと思っていたのだが、3月13日にフィンスイミングのジャパンオープンマスターズに出場した関係で（＊2）、例年のごとく延び延びとなってしまった（苦笑）。今回も75kg級にエントリーするつもりだ。今の体重は81kgなので、リミットまではあと6kg。今年は72kgまでは絞り込みたいと思っている。

となると、減量幅は９kgくらい。決して楽な数字ではない。しかし、３回目の出場ということもあり、なんとなく自分のペースというものは摑めている。去年は最後の１週間で３kgほど落とせたので、今年もなんとかなるだろう。

３月中旬までは週３回フィンの練習をして、フィンの大会が終わってからはレスリングの練習を週に３回。そしてボディビルのトレーニングのためのジムには空き時間を見つけて通っている。

「フィンスイミング」「ボディビル」「レスリング」。この３つは異なる競技ではあるものの、なんの関連性もないスポーツに取り組んでいるという感覚は春日にはない。春日の中ではこの３つの競技はリンクしている。

ジムでのトレーニングは、すべての競技に共通する基礎トレーニングのようなものだ。そこで養った筋肉はレスリングにも生かせるはずである。

ボディビルの視点に立って考えれば、レスリングの練習は有酸素運動の代わりになる。定期的にレスリングの練習を行なうことは、ボディビルにも生きてくると思う。

また、フィンの練習でプールに入ると、リラックスできるというか、いい意味で気分転換ができる。水の中で自分をリフレッシュさせることで、ジムでのトレーニングにも減量にもレスリングの練習にも新鮮な気持ちで取り組めるようになる。

しかし、体への負担はある。疲れがなかなか取れないのだ。その上、3つの競技をやっていると思うと精神的にもキツくなってしまう。だから3つの競技を結びつけて、1つの大きな競技だと思うことにした。そのように考えると、それほどシンドくはない。それぞれの大会当日までなんとか乗り切りたいと思う。

ポージングの練習をどこでやればいいのか

問題はポージングの練習だ。フィンとレスリングの練習は時間と曜日が決められていて、ジムにはその合間を縫って行っている。トレーニングをするのは朝でも夜でもかまわない。しかし、ポージング練習はそういうわけにはいかない。

ゴールドジム中野ではボディビル界の伝説、小沼敏雄さん（P30参照）のポージングアカデミーが毎週行なわれている。これはいわゆる「ポージング教室」で、東京オープンの開催日が近づくにつれて徐々に参加者が増えていく。去年もたくさんの選手が練習に訪れていた。

２０１５年はマンツーマンレッスンの予約が取れなかったので、ポージングはこの、小沼さんのアカデミーでの練習のみだった。２０１６年は開催日時になかなか時間を合わせられず、まったく参加できなかった。大会前はポージング練習、日焼け、減量とやることがどんどん増えていくので、時間をうまくやりくりしていかなければならない。

前回は5位になって表彰台まであと少しのところまで近づけたが、2位のなかやまきんに君とは順位以上の差を実感した。このコラムの時点では結果はわからない。今回はどうだっただろう？　初めて出場した2年前よりもさらにボディビルダーらしい体になっていれば良いのだが。

〈２０１６年5月&6月を再編集〉

＊2　フィンスイミングのジャパンオープンマスターズ：一般社団法人日本水中スポーツ連盟主催。種目は男女別にアプニア（シュノーケル未使用での潜水。50m）、サーフィス（シュノーケル使用での潜水。片足ずつ履く2枚フィンのビーフィンと、両足を揃えて履くモノフィンがある。50m、１００m、２００m、４００m）、混合のサーフィスリレー（４人×50m）がある。２０２４年3月20日大会で第13回となった。

ボディビル痛恨の予選敗退を振り返る

２０１７年の東京オープン選手権は悔しい結果に終わった。当日はいくらアップしても筋肉が張ってこず、ステージでポージングをしているうちに張ってくるだろうと思っていたら、そこでもまったく手応えがなく（苦笑）。「あれ？　去年と違うぞ」と思い焦ってしまった。

また、小沼（敏雄）さんのポージングアカデミーに参加したとき、同じ75kg級に出場する人たちを見たらみんなデカかった。ここから筋肉を大きくするのは無理なので、仕上がりで勝負するしかないと思い、ギリギリまで絞ってみたのだが、その結果ガリガリになってしまった（苦笑）。また改めてボディビルの難しさがわかったような気がする。

そして、この年は参加者の数がものすごく多かった。ここ数年でボディビルのことを多くの人たちに知っていただけるようになったと思う。

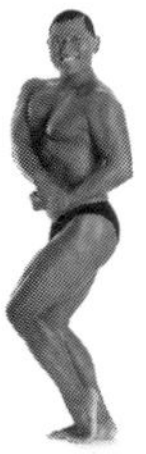

ただ、それによってライバルが増えてしまったので、迷惑な話ではある（笑）。75kg級で優勝された方も、去年の春日ときんに君のポージングを客席から見ていて、一緒に出場すればテレビに映れると思って出ることを決めたと。それでその人が優勝して、春日が予選落ちしてしまった（苦笑）。

そういう人に出てこられると困るのだ。ずっと潜んでおいてもらいたい！（笑）。ボディビルという競技が一般に広まっていくことはありがたいが、あまりたくさんの人にヤル気を出してもらいたくない（笑）。

春日自身はボディビルを続けていきたい。ただ、春日のキャラクターに今、支障が出てきている。春日は「気持ちが悪い」というイメージで世に出てきたのだが、いい体になり、シュッとしてしまったので、若林さんとしては漫才がやりづらいらしい（苦笑）。

若林さんには「ちょっと待ってくれ」と言った。春日はもっと気持ち悪い体になりたいのだと。今のこの、いい体は不本意なのだと。それで「あとどのくらいかかるんだ」と聞かれたので「10年」と答えたら「待てるか！」と言われてしまった（苦笑）。

「いい体ですね」と言われるのは、恥ずかしい。春日は「なにこれ!?」と驚かれる体になりたいのだ。

持っているTシャツをすべて「もう入らない」と言って捨てたい（苦笑）。すべて買い替えなければならなくなるくらいデカくなりたい。ここで留まりたくはない。もっともっとデカくなりたいですな。

7月にはレスリングのマスターズ75kg級に出場することになっているので、東京オープン後に増えたとしてもまだ増えても78kgくらいまでにとどめておいて、そこからまた少し減量しようと思っている。

とはいえ、筋肉は大きくしたいのでしっかりと食べ、しっかりとトレーニングはしていきたい。レスリングは体重制限があるので、それが終わったら思い切り増やしてみたいですな。

でもそうすると、減量が気になる。増やしすぎて絞り切れなかったらどういたそうと。ボディビルの大会に、仕上がりが甘い状態で出場することは絶対に避けたい。

今年の大会はただ体重を合わせることしか考えていなかった。前年も前々年も

3月半ばの選手登録をした日になって、ようやく気持ちのスイッチが入る感じだったので、今年は余裕を持って2月から減量に入ろうと思っていたが、なかなかそういうテンションにならず、結局今までと同じペースになってしまった。それが予選落ちという結果になってしまったと思う。

今後も東京オープンに出場することがあれば、仕上がりのことも含めた計画をしっかりと立て、それに沿って調整を進めていきたい。

気持ちとしては、もちろん出たい。予選落ちのまま終わりにするのは悔しいので。「体育会TVボディビル部」の存続は、今のこの段階ではまだわからない。今回、春日が3位以内に入らなければ廃部ということだったのだけれど（苦笑）、廃部になったらテレビの企画は関係なく、個人として出場するしかないだろう。

〈2017年7月〉

異なる競技にいかにして注力するか

前項で記したとおり、２０１７年は5月にボディビル、6月にフィンスイミング、そして7月にはレスリングと、結果的に3カ月連続で異なる競技の選手権大会に出場することになった。

それぞれの大会が近づいてくると、例えば3つの競技に合計で「１００」の力を注いでいるとしたら、「レスリングが40」「フィンが30」「ボディビルが30」など、その比率が変わっていく感じとなる。

ボディビルは常に「30」くらいで、東京オープンが近づいてくるとその数値が徐々に上がっていった。

フィンの大会が終了すると、レスリングとボディビルで「１００」を2分割することになる。レスリングの大会の直前は、レスリングが「90」、ボディビルが「10」くらいの比率になっていた。

春日がエントリーしたのは全日本社会人選手権のマスターズA（35歳以上40歳

以下）76kg級。体重の合わせ方や減量の仕方など、ボディビルの経験を生かせた。

とはいえ、ボディビルとまったく同じ減量の仕方はできない。ボディビルでは大会当日、体力的にぎりぎりの状態でもなんとかステージに立つことはできる。しかし、格闘技の場合は、動けるコンディションで当日を迎えなければいけない。

そうなると、試合前といってもやはりそれなりの量を食べる必要がある。ボディビルの減量中もレスリングの練習は行なっていたのだが、食事の制限をしていたので集中力があまり持続しなかった。

レスリングの練習は毎日追い込まれ、その内容はかなりキツかった。けれども、コンスタントに練習したほうが精神的には楽だった。おそらく、1週間に1回しか練習しなかったら、脳がリセットされてキツさを忘れてしまうだろう。その点春日は、毎週一定の頻度で練習したおかげで脳がキツさを覚えていて、毎回集中して取り組むことができた。

しかし、試合の2週間前の練習中、タックルに入った際に頭からマットに激突。首を痛めて一時的に動けなくなってしまった。

ケガをした瞬間は「バキッ！」という音が聞こえた。意識はあるのに体を動かせない、まるで金縛りのような状態に陥った。痛めた場所が場所だけに、念のため救急車を呼びしっかりと検査してもらおうということになったのだが、救急車が到着するころにはかなり回復。幸いにも大事には至らなかった。

その後1週間は、スパーリングなどの実戦練習は禁止。試合に出場できるのだろうか？　という不安はあったが、ちょうど毎日練習して追い込んでいた時期だったので、疲労を取るいい機会にはなったように思う。

後日の検査でも異常はなく、練習再開。試合出場に関してＯＫをいただけてからは、首のことは気にならなくなった。

勝ちでも負けでも企画として成立させる

計量は試合の前日に済ませた。春日の体重は74kg強。ガリガリになってしまった東京オープンのときより3kgほど重く、ボディビル的にはベストな感じだった（苦笑）。ここから水分を抜いて皮膚感を良くすれば東京オープンの決勝に行けるのではないかと思えるほどの、我ながら見事な仕上がりだった。

76kgというリミット体重さえクリアできればよかったので、炭水化物を極端にはカットせず余裕を持って減量に取り組んだのがプラスに作用したのかもしれない。せっかく上手に仕上げられたのに、今この瞬間に東京オープンに出られないことが非常に残念だった（苦笑）。

肝心の結果は……、8人中4位という成績で終わった。1回戦では勝利したが、2回戦と3位決定戦で負けてしまった。

ボディビルで予選落ちしたときは、「もっと早くから減量を始めれば良かった」「トレーニングでもっと追い込めば良かった」など、あとになってじわじわと悔しさが押し寄せてきた。レスリングで負けたときは、その瞬間に悔しさを感じた。敗北感に即効性がありますな。

またレスリングは相手との闘いなので、たとえこちらが万全のコンディションで試合に臨めても駆け引きの末に負けてしまうことが起こりえる。実際、1回戦も試合開始早々にポイントで大差をつけられてしまったので、これは負けてしまうか?と思った。

あっけなく敗れ去って1勝も挙げられないまま終わってしまったら、テレビ番組の企画として成立させることが難しくなる。たとえ負けたとしても、劇的な負け方というものがある。勝っても負けても企画として成立させないと、という意識は常に頭にあった。

だから何とか逆転勝ちができたのかもしれない。もしプライベートで出場していたら、負けていただろう。こういった奇跡的な勝利が収められたのも……、すべては春日が〝持っている〟からでしょうな（笑）。

〈2017年9月&10月を再編集〉

その原動力はどこにあるのか

レスリングもボディビルもフィンスイミングも、春日の中で趣味で取り組むような競技ではない。また、スキーやテニスほどメジャーなスポーツでもない。練習では楽しいことよりもキツいことのほうが多い。その上ケガもする（苦笑）。

特にボディビルは日常生活に支障をきたすようなことばかり。必死になってムキムキになって、減量して、日焼けもして。調整期間に入ると見た目がどんどん変わっていく。そして大会当日は裸にちっちゃなパンツだけ穿いて人前に出てポーズをとる。決して気軽にできるスポーツではないですな。

フィンスイミングも練習場所を確保するだけで大変。一般のプールではまず練習できない。それにあのデカいフィンを持って移動するのもひと苦労。フィンの選手たちはチームでプールを借り切って練習しているようだ。

春日の場合、〝仕事〟という意識がある。我々にとって「多くの人に見てもらう」というのは、何かに取り組む理由としてかなりデカいのだ。映像など、何らかの形で世に出るからやっている。カメラが回っていない場所では、なかなか本気では取り組めない。

２００７年にテレビの企画でＫ－１の試合に出たときは（＊3）、試合に向けて練習していく中でキックの楽しさに触れることができた。せっかくだから企画が終わったあとも格闘技のジムに通おうと思ったのだが、結局通わなかった（苦笑）。当時の春日はまったくテレビに出ていなかったので、時間はありあまっていたのだけれど。

誰かが世に出してくれないと何もできない私

春日の友人に登山を趣味にしている奴がいて、何年か前に誘われて一緒に登ってみたことがあった。山登りの何がおもしろいんだと聞いたら、頂上で食べるカップラーメンがうまいのだと。小さいガスコンロと鍋、カップラーメンを持って登り、その行程では大変な思いをするけれど、頂上で湯を沸かして食べるカップラーメンがたまらないと言うので、誘われるがまま登ってみたらこれがまったく

おもしろくない（苦笑）。キツい思いをしているのにカメラも回っていない。なんだこれはと（苦笑）。頂上に着いたら友人と口喧嘩《くちげんか》になって、せっかく持っていったカップラーメンを食べずに帰ってきてしまった。

そのときに痛感した。春日は誰かがその行程や結果を世に出してくれないと何もできないのだと。そう考えると番組の企画でいろいろなスポーツに取り組むことができるのは、とてもありがたい。

特にボディビルに関しては、今では春日はもうそういうキャラクターになっているので、裸になる仕事も多い。だから番組の企画ではなくても、すぐに鍛えることはやめないだろう。

ただ、大会に出ると出ないとでは、普段のトレーニングの気合の入り方が変わってくる。ジムで大変な思いをしているのに、それがまったく世に出されない（苦笑）。そう考えると、ジムに行かなくなってしまう可能性は低くないかもしれない。

レスリングの選手もフィンスイミングの選手も、誰かに指示されて競技を始めたわけではないだろう。なぜそこまで一生懸命になれるのか。自分から進んでスポーツをやる人にじっくりと話を聞いてみたい。

ボディビルも皆、命を削りながら取り組んでいる。優勝したいという気持ちがモチベーションになっているとは思うのだが、勝ったところで別に賞金をもらえるわけでもない。原動力はなんなのか、これも一度選手に聞いてみたいですな。

〈2017年4月〉

*3　K-1の試合に出たとき：2007年8月16日開催の「K-1 YOUNG JAPAN GP」の「日中国交正常化35周年記念7対7親善マッチ」に出場。相手選手は中国の王洪祥(177cm、86kg)。判定負けとなったが3Rをフルに打ち合った。

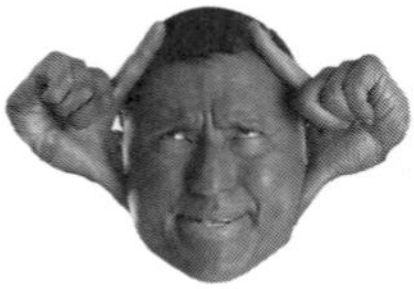

東大受験とエアロビクス挑戦

番組の企画で、2018年2月に東京大学を受験（※詳細は次項にて）することになった（苦笑）。番組は異なるが、ボディビル、フィンスイミング、レスリング、そして東大受験となんだかワケのわからない状態になってきた。

東大受験は、自分からは絶対にやらないことだ。企画でいろいろな経験をさせてもらうのはありがたいことだ。東大受験も、ギャランティの発生する仕事である。プロの受験生だ（笑）。

ただちょっと困るのが、ジムに行く時間がさらになくなってしまったこと（苦笑）。ちょうどジムに行っていた時間帯に、東大受験の授業が入ることになったのだ。やることが多くて睡眠時間が削られる、休みがなくなるなどは、どうでも良い。何が一番嫌かというと、ジムに行けなくなることだ。

最低でもジムには週に2回は行きたい。できることなら、週3回が良い。週3回ジムに行けると、「まあなんとか1週間のノルマはクリアできたか」と思える。

2回だと「仕方がない……」となり、週1回しか行けなかったとなると「ちょっとマズいぞ」と（苦笑）。トレーニングをしなければ、好きなものも食べられなくなるし、酒も飲めなくなる。

トレーニングをしないで好きなものを食べるというのは、良くない。トレーニングをしているから、好きなものを食べられるのだ。

しっかり食べないと勉強にも集中できない。だから今、炭水化物の摂取量は以前よりも増えていると思う。その上トレーニング量が減っているので、ボディビル的にはマズい状況にある。

一般に理解されないもののほうがやりがいがある

また、同時期に『炎の体育会TV』の企画でエアロビクスの大会を目指すことにもなった。夜は2時間ほどその練習をガッツリやることになったのだ。ビクスの練習は終始動きっぱなしなので、糖質を入れておかないと集中力が持たない。

夜なのだが、炭水化物を食べざるをえない。これもボディビル的には抵抗のある

行為である。

春日のメイン競技はボディビルだ。そこはちゃんと押さえておきたい。春日の中ではボディビルダーが、何かいろいろなことに挑戦している、という感覚なのだ。ボディビルダーがフィンスイミングをやったりレスリングをやったり、と（笑）。

しかし、今はそのメインを疎《おろそ》かにしてしまっている。トレーニングをするキッカケとなった競技がボディビルだ。そこを疎《おろそ》かにすることには抵抗がある。

ボディビルから始まり、フィンスイミング、レスリング、ウエイトリフティング、エアロビクス、そしてついには東大受験（苦笑）。春日はボディビルに戻ってこられるだろうか（苦笑）。

ビクスもボディビルも、その競技の練習に取り組んでいるときはあまり感じないが、少し引いたところから見ると、一風変わった競技だと思う（苦笑）。ムキムキな人間たちがパンツ一丁で舞台に立つボディビル。エアロビクスも、レオタードを着たおじさんが笑顔で飛んだり跳ねたりしているという（笑）。

なんだかおもしろいというか、かなりマニアックというか。そのような、一般にはあまり理解はされないであろう「なんだこれ!?」と思われるもののほうがやりがいがある。ちょっとおかしなことに真剣に取り組むことは最高ですな!(笑)。
そういった意味では、ビクスもボディビルも春日に合っている競技と言えるかもしれない。

〈2017年11月&2018年2月を再編集〉

ボディビルと東大受験の類似性

前項でも少し触れたが、『得する人損する人』（日本テレビ系）の企画で東大受験に挑戦した（２０１８年2月8日放送 *4）。センター試験の採点結果は７教科９００満点中の４４８点。試験を受けた時点で手応えがなく、「厳しいだろう……」とは思っていた。結果はその通りに。第一関門を突破することはできなかった。

いわゆる「足切り」というやつだ。本試験に進めなかったことは、感覚的には東京オープンの予選落ちに近いものがある（苦笑）。

センター試験は1月13日の土曜日、14日の日曜日の２日間にわたって実施された。ボディビルやレスリングなどの大会も日曜日に開催されることが多い。

土曜日の深夜は毎週『オールナイトニッポン』の生放送がある。センター試験のときも、朝から試験を受けてラジオに出て、少しだけ寝て、また試験会場に向かうといったスケジュールだった。

144-145

その時間にラジオがあるのは、前からわかっていたことだ。突発的に入ってきた仕事ではない。予定されていた仕事を休んで試験を受ける、大会に出るといった選択肢は春日の中にはない。

実際、試験では寝不足の影響は感じなかった。日曜日に行なわれたのは理系の2科目だけで、昼ごろには試験は終わった。睡魔に襲われて数学の問題が解けなかった、ということもなかった。1日で9科目のテストを受ける模試のほうがキツかったくらいだ。だから、ちゃんと実力を出し切った上で、足切りされたということである。

やり尽くしたことは今まで一度もない

経験してみて感じたのは、東大受験よりもボディビルのほうが難しいということだった。ボディビルは科学的な競技だ。何をどのようなタイミングで食べたら、体がどうなるか。その反応は自分ではなかなかコントロールができない。大会当日にいくらがんばったところで、気合や根性などでどうにかなるものでもない。

体からいい反応を導き出すためにも、ボディビルの大会こそ、前日にしっかりと休養を取って臨んだほうがいいのでしょうな。といっても、ちゃんと寝てから会場に行ったことがないので、寝不足とのコンディションの差がどのくらい出てくるのか全然わからないが（苦笑）。

でも、万全な状態で試合に臨んでみたいという気持ちはある。しかも、どの競技もいつも準備期間が半年くらいしかないので「これだけ練習したんだから大丈夫だろう」という状態で大会当日を迎えたことがない。今回の東大受験もそうだった。もちろん与えられた期間でできる限りの練習、授業はしていくが、いつも「もう少しできたのでは？」といった心境で会場に出向いていく。

経験してきた競技で、すべてをやり尽くした、ということは今までに一度もないかもしれない。その企画が終わったらすぐに次の企画がスタートするので、納得いくまで趣味で練習を続けるということも難しい。大会からは離れているが、今も継続できているのはボディビルだけだ。

純粋にボディビルに集中できていた3年前は良かった。取り組むべきものがボディビルのみだったから。あのころに戻りたいと思うことがある。そうしたら、もっと筋肉もデカくなるだろうし。

もしかすると、今後のコンテスト出場は難しいかもしれない。しかし、いつの日か出場できるであろう大会を見据えてトレーニングは続けていく。ボディビルと受験勉強には通じる部分があると思う。ボディビルも受験も、毎日こつこつと積み上げていかなければならない。すぐに結果は出ないけれども、やった分はちゃんと身につく。共通点は多い。

もし東大に合格できていたら、ボディビルの学生選手権に出たかった。なぜなら、春日はボディビルダーだからだ。ボディビルダーがエアロビクスやレスリング、フィンスイミング、東大受験などに挑戦しているという感覚だ。またいつか、ボディビルだけに集中して取り組んでみたい。

〈2018年3月&4月を再編集〉

*4 『得する人損する人』の企画で東大受験：東京大学文科Ⅰ類出願。内訳は、国語148点（現代文92点、古文35点、漢文21点、200点満点）、英語76点（200点満点）、数学ⅠA32点（100点満点）、数学ⅡB20点（100点満点）、地理B66点（100点満点）、日本史B51点（100点満点）、生物基礎30点（50点満点）、地学基礎25点（50点満点）。

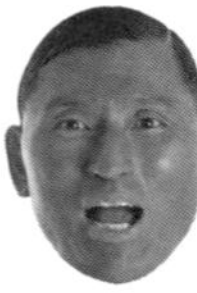

水中ベンチプレスでギネス世界記録™達成！

テレビ東京の番組『おもスゴ世界一！』でギネス世界記録™を達成することができた（＊5）。挑んだのは水中ベンチプレス。水に潜った状態で50kgのベンチプレスを何回挙げられるか、というものだ。

春日は潜水が得意で、普通の人よりも長く水中に潜っていられる。またウエイトトレーニングも継続している。水中ベンチプレスに挑戦、これはもう完全に春日の特性を把握した上で企画してくれている。番組サイドの「絶対に成功してくれ！」という意思が伝わってきた（苦笑）。

しかし当日はあまり時間がなく、練習は30分くらいしかできなかった。潜水はアップをすればするほど良い。潜って、水面に上がってきて息を整えて、また潜る。これを繰り返しているうちにだんだんと長く潜れるようになっていくのだが、今回は充分な時間が取れなかった。

148-149

そこで考えたのは、水に潜ってベンチ台にセットするまでの時間だ。ロスをなくすために、ここはなるべく短くしたかった。そのためには、体に巻くおもりの重量設定も重要だった。これが軽すぎると潜るのに時間がかかってしまうし、反対に重たすぎるとギリギリまでベンチで粘ったあとに水面まで上がってくることが大変になってしまう。自然にすーっと沈んでいく、適度な重さに調整した。

ラックにバーを戻して、水面まで上がる時間も頭に入れておきたいところだった。ベンチプレスを終えた時点でこのくらいの苦しさだったら、水面に上がるまで息は持つだろうと。ただこれも練習する時間がなかったので、その感覚はあまりつくれなかった。なので本番では、少し余裕を持って水面に上がるようにした。

私に求められているのは「成功」のみ

これまでのギネス世界記録™は40回。挑戦できるのは3回まで。下半身がベンチ台から離れてはいけない、バーを下ろす位置は胸から5㎝以下、挙げたときは肘を伸ばし切る、などの細かいルールがあった。

水中では50kgのバーベルが浮力の影響で40kgくらいになるそうだ。確かに、体感としては50kgより軽かった。

余裕だと思ったが、バーを挙げた勢いで体も浮くので、ベンチ台に脚を絡めて下半身を固定する必要があった。さらに、連続して挙げると水が動くので、バーがグラグラと揺れる。陸上でも重たいバーを無理に挙げようとすると少しグラつくものだが、水中ではその揺れがさらに激しくなったような感じだった。

また、水中では極力、何も考えないようにした。考えることで脳が酸素を使ってしまうので。回数も20回くらいまではカウントして、あとは時間の経過でだいたいの回数を判断した。

1回目の挑戦では肘が伸び切らないなどミスがあって記録更新ならず。2回目に挑む際に、ここは潰れて溺れそうになったところを救出されたほうがTV的に面白いのではないか?と、ふと考えてしまった。

しかし、こういった企画で春日に求められているのは「成功」のみ。変な失敗は無用だ。そういった場合、あとで放送を見ると「1回くらい失敗しろや」と自分でも思うのだけれど（苦笑）、でも、現場はそういう空気ではない。そのようなとき、もし失敗すると、とんでもない空気、まるで何か不祥事を起こしたかのような雰囲気になるものだ（苦笑）。

そもそも、3回目で必ず成功するとも限らない。なので、2回目の挑戦でも記録更新を狙っていった。結果は43回。途中、ちょっと魔が差したが、達成できてよかった（苦笑）。

公式認定書は実家に飾ってある。両親は非常に喜んでくれた。世間でのリアクションも大きかった。「ギネス世界記録™」のブランド力の大きさを改めて感じた。ギネス世界記録™を更新するとこんなに大きな反響があるのだと。しかし、春日としてはこれに向けて1年間練習してきたというわけではないので、東京オープンで5位になったときのほうがはるかに達成感があったように思う（苦笑）。

〈2019年11月〉

＊5　『おもすご世界一！』：2019年10月1日放送の『おもしろいけど超スゴイ！　衝撃技が続々登場　おもすご世界一！～あの有名人も世界記録に挑戦しちゃいましたSP～』にて、これまでの記録を3回上回る43回を達成。春日氏は2018年8月に「ワンちゃんジャンピングチャレンジ」で38回、11月にも「30秒間パンツはき」で16枚の世界記録を樹立。

第5章

春日、父になる

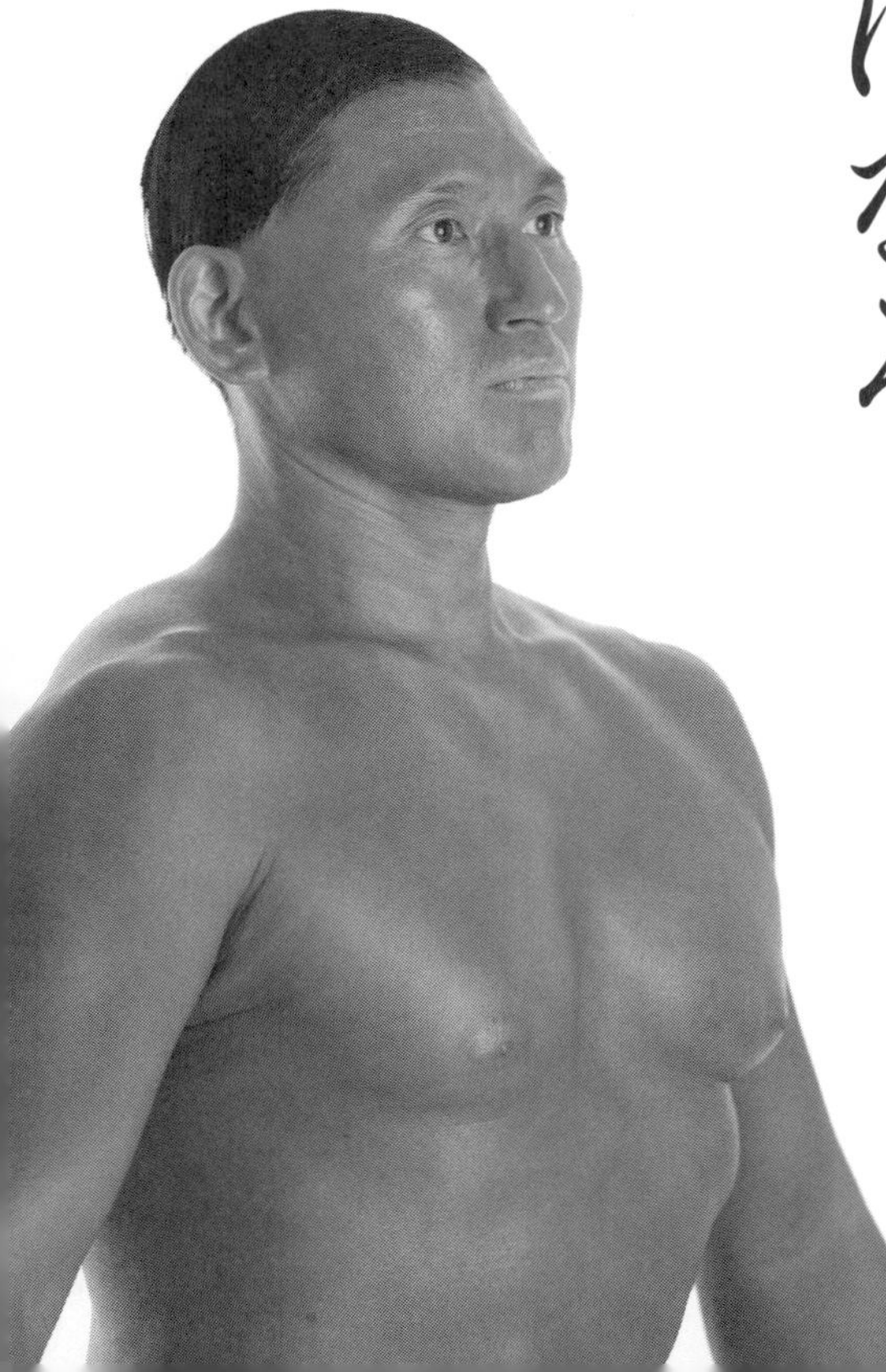

どうなる!? 結婚後の食生活

ボディビルダーにとって、家族の理解はとても重要だという話をよく聞く。例えば食事。一般の方がボディビルダーと同じ食事を摂り続けるというのは、かなりつらいものがあるかもしれない。

春日の場合はどうだろう。2019年5月に入籍したころは、まだ妻のクミさんとは生活を共にしていなかったので、自宅で食事をすることがなかった。なので、結婚後に起こり得るかもしれない食生活の問題について真剣に考えたことはなかった。

結婚前は夕食を共にすることが多かったが、基本的には外食が主だった。思い返してみると、イタ飯屋さまなどには行ったことがない。ラーメンを食べに行ったのも過去に1、2回くらいで、春日がボディビルを始めてからは一度も行っていない。寿司も共に食べたことはないですな。

外食するときは焼き肉や焼き鳥など、やはり肉系の店が多い。しかし、店を選

154-155

ぶときに揉《も》めたことはない。もちろん春日と同じものを食べるよう強制するわけではないので、どのような店に入ってもおたがいに好きなものを注文する。春日は焼き鳥や卵、スライストマトなど。これまでに食事の面で問題になったことはなかったので、これからも大丈夫だと思う。

もし問題があるとしたら、記念日のケーキなどですな。だいたいそういった祝いをするのは夜である。春日としては、夜にケーキを食べることは抵抗がある（苦笑）。食べるなら、できれば翌日の朝にしたい。

しかし、ロウソクの火を消して、ケーキを切って、食べるのは翌日の朝というのは一般的な考え方からすると変だと思う（苦笑）。他に考えられることはデザート的なものなど。「このアイスおいしいから食べてみて」と言われて、「じゃあ、明日の朝に」と言う（苦笑）。そういったことは起こるかもしれない。

素材ではなく〝料理〟が食べられる

結婚後の食生活については、不安よりも楽しみのほうが大きかった。これまで

は自宅で食べるものといったら、ゆで卵や素焼きのアーモンド、サラダチキンなど。朝はプロテインを飲んですぐに出かけるという感じだった。自分で料理をつくるということはなかった。

料理好きとして知られるボディビルダーの須山翔太郎選手（＊1）は牛丼など自分でいろいろとつくられているようだが、多くの独身男性ビルダーの場合は小さいおにぎりにツナ缶といった、ジャガー佐藤さん的な食事になってしまうと思う（苦笑）。料理というより、素材をそのまま食べるといったような感じだ。

共にボディビルをやられている宮田勝実さま・みゆきさまご夫妻（＊2）の食事をテレビで見たとき、ただの素材がローストビーフなどの〝料理〟になっていた。うらやましく思ったが、春日一人だけだと美味くなるように調理して食べようという発想が出てこない。せいぜいインスタントの味噌汁に生卵を入れる程度だ。

これからはそういったものも〝料理〟にできたらうれしい。春日から伝えたわけではないが、クミさんは春日が普段食べているものを見て、これは大丈夫でこれはダメというものをなんとなく理解してくれているような気がする。

冷凍のブロッコリーが常に冷凍庫にストックされていたり、ゆで卵が用意されていたり、そういったことをしてもらえたらありがたい。また、鶏肉をやわらかく調理したり、ハムにしてもらえたりしたらうれしいですな。

期待するのは魚料理。魚を自宅で調理することなんて、まずなかったので。焼き魚も煮魚もつくったことはない。自宅で食べる魚といえばさば缶、もしくは刺身を買ってくるくらいだった。魚料理を食べてみたい。

結婚したら〝料理〟としていろいろなものを食べられそうという期待が大きい。と、ここまで春日の一方的な希望ばかりを語ってきたが、実際には、自分でつくれと言われてしまうだろう（苦笑）。


〈2019年7月〉

＊1 須山翔太郎選手：1981年生まれ。15歳でボディビルを始め、1999年に日本ジュニア選手権優勝。2004年に22歳のときに東京選手権にて大会歴代最年少（当時）で優勝。2012年に日本クラス別選手権80kg級優勝。2016年に世界選手権75kg級3位となる。2017年と2019年には日本選手権準優勝。栄養管理と食事へのこだわりは「ボディビル界のグルメ王」とも称される。

＊2 宮田勝実さま・みゆきさまご夫妻：宮田勝実＝1961年生まれ。2013年に東京オープン選手権マスターズ50歳以上級優勝。2020年にマッスルゲート東京ボディビル65kg以下級優勝ほか。宮田みゆき＝50歳からボディビルに挑戦。2016年に日本クラス別選手権優勝（女子フィジーク）。2017年にジャパンオープン選手権優勝、東京選手権優勝、日本グアム親善大会優勝。宮田夫妻の息子・智矢氏もボディビルダーで2012年に東京オープン選手権でデビュー。

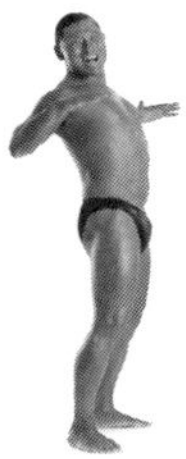

充実した食生活でバルクアップ

よく「結婚すると太る」と言われるが、春日も結婚してから食生活が一変した。以前は出掛ける10分前に起きて、プロテインを飲んで、着替えて、歯を磨いて、顔を洗って家を飛び出すという感じだった。食べるものを家に置いていなかったので早く起きる必要がなく、朝食を食べてから出かけるという習慣がなかった。

それが今では家を出る1時間前には起きて、ちゃんと朝食を食べるようになった。前日の夕飯の残りや、パン、うどんなど、何かしら食べるものがあるからだ。トレーニング前は、以前はバナナ1本で済ませていたが、今は卵かけご飯などを食べてからジムに行くようになった。

朝に炭水化物をしっかりと摂るのは良いことだと思う。1日の炭水化物の摂取量は結婚してから増えた。体重が増えるかと思っていたらそうでもなく、ほとんど変わっていない。体づくりに必要な栄養がしっかりと摂れて、筋肉がデカくなったら良いなと思っている。

夜は結婚前と同様、炭水化物は控えるようにしている。スパゲッティやピザなどは当然食べない。一応、クミさんには夜に春日が食べても大丈夫なものは伝えてある。なので、何となく春日に合うようなものをつくってくれる。

この前はガパオライスをつくってもらった。しかし、米は食べられない。春日がそう言うと、今はブロッコリーやカリフラワーを細かく砕いて米のようにしたものが冷凍食品で売られているので、それを使うと言ってくれた。ガパオライスと同じようにひき肉を調理したものをのせて食べたところ、非常に美味かった。朝と夜を家で食べるようになったことは結婚後の大きな変化だ。

タンパク質量とコスパを熟考する

ジムに行く際、トレーニング後に飲むプロテインは、家で調合したものをシェーカーに入れて持っていく。しかし、急に空き時間ができてジムに行くときはプロテインを持ち合わせていない。その場合、トレーニング後に何を摂るべきか迷ってしまう。

先日も非常に迷った。プロテインを持ってきていなかったので、ジムのフロントでラウンジプロテインを飲もうかどうしようかと。いつも春日はトレーニング後にはプロテインを60gほど摂る。

スタッフの方に聞いてみると、LLサイズのラウンジプロテインが60gで価格は500円ほど。これにBCAAやクレアチンなどをトッピングすると700円台後半くらいの値段になる。BCAAやクレアチンはひとまず置いておいて、タンパク質だけは絶対に摂りたい。すると60gで500円ちょっと。

また、ゴールドジムのフロントには20gずつ小分けにされたプロテインのパックが200円くらいで売られている。これを3袋という選択肢もあるが、そうすると価格が600円を少し超えてしまう。

コンビニエンスでサラダチキンを2つ、ザバスのミルクプロテインの細いタイプのほうを1本買うという手もある。これでタンパク質量は60g以上になる。その上、価格を600円以下に抑えることもできる。

悩みに悩んだ末にサラダチキン2つとミルクプロテイン1本を買った。しかし自分が予想していた価格設定が間違っていて、結局、価格は600円以上になってしまった。長い時間迷っていた意味がなかった（苦笑）。

改めてそれぞれをまとめてみると、炭水化物の量を考えれば、ＬＬサイズのラウンジプロテインが一番少ない。価格も５００円ほどだ。タンパク質量はサラダチキン２つとミルクプロテインのほうが多いが、こちらは炭水化物も含まれていて、価格は６００円オーバー。

トレーニング後だから炭水化物も摂ったほうが良かったのか。それとも朝にうどんを食べていたから、１日の炭水化物のトータル摂取量を考えると、炭水化物は控えるべきだったか。

それらを考えると、５００円ちょいのラウンジプロテインを選ぶべきだったのか、６００円を超えてしまったが、サラダチキンとミルクプロテインを選んでやはり正解だったのか。あれ以来、ずっと考えているが、どちらが正しかったのか今も答えがわからない（苦笑）。

〈２０１９年12月〉

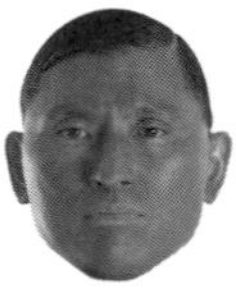

どうしてもクミさんだけには言えませんでした…

２０２０年のコロナ禍の自粛期間中は、ジムが閉館になったので自宅でトレーニングをしていた。仕事がない日は昼前くらいに起きて、１時間ほどダラダラと過ごし、トレーニングをして、メシを食って、またダラダラして……という日々だった。これでトレーニングをやらなかったら、完全に怠惰な生活になってしまう（苦笑）。

だから自分にトレーニングだけは課していた。自宅にいる日、仕事が午後からの日は必ずトレーニングをするようにしていた。ヨガマットのようなものを買い、トレーナーの方々がインターネットに上げている動画を見ながらトレーニングを進めていた。週に４～５回はやっていたので、週３ペースでジムに行っていた時期よりもトレーニングの頻度は高くなった。

そして、自粛期間が明けた6月１日、待ちに待ったジムの再開日。すぐにでも行きたかったが、春日はここで出遅れる形になってしまった。というのも、まだクミさんから「ジムに行ってもいい」と言われていなかったのだ。

ゴールドジムではフロントで検温したり、トレッドミルの横にパーテーションを置いたり、マシンなどの器具も消毒したりと新型コロナ感染拡大の予防策を取っていた。我々が安心してトレーニングができる環境を整えてくれていた。

しかし、家庭内には依然としてジム自粛ムードが流れていて、「行くな」とは言われてはいないものの、「あんまり行かないでくれ」といった雰囲気なのだ。クミさんの言っていることも理解できる。ウチには小さな子がいるので、心配になる気持ちはよくわかる。

あれは原宿東京店だったと思う。営業再開日の6月1日には、ゴールドジムが感染拡大の防止に取り組んでいる模様がテレビで流されていた。春日はなるべくクミさんと共にそのようなニュースを見て、そうした情報を間接的に伝えるようにしている。

そのような回りくどいやり方ではなく、直接そのまま聞けば良いではないかとも思ったが、春日から「ジムに行ってもいいかね？」と聞いて「ダメだ」と言わ

れると、完全に行けなくなってしまう（苦笑）。ゴールドジムはしっかりと対策を取っているから安全なのよ、と。そういう種を撒《ま》きながら、タイミングを見計らっていたのである。

といったことを考えつつも、仕事と仕事の間に空き時間ができたので、約2カ月ぶりにジムに行ってみた。しばらくぶりだったのでどのくらいできるものなのか、準備運動がてらにペックフライをやってから恐る恐る50kgでベンチプレスをやってみたところ、力はそこまで落ちてはいなかった。体感重量も70kgくらいに感じるのではないかと不安だったが、そんなことはなかった。50kgは50kgだった。自宅で続けていた自重トレーニングも無意味ではなかったのだと思った。

久しぶりに行なった、ロッカーで着替える、シャツやシューズをフロントで借りるといったことにも面倒臭さは感じなかった。そのあたりは、つい3日くらい前までジムに通っていたような感覚だった。

以前と違った点は、マスクを着用することくらいだろうか。春日は街を歩くときも移動するときも普段からマスクをしているので、マスク慣れしている。夏も平気だ。なので、トレーニング中も違和感はなかった。

しかし、筋肉痛は結構尾を引いた。トレーニング中はそこまでキツいと感じなかったが、体のほうには強めの刺激が与えられていたのだろう。この感じで脚のトレーニングをしたら、3~4日は筋肉痛が取れないかもしれない。

ちなみに、ジムに行ったことはクミさんにはまだ伝えていない（苦笑）。「もうジムには行ったの？」と聞かれて「行っていない」と答えたとすると、ウソをついたことになる。今は何も聞かれていないので春日からは何も言っていない、という状況だ。

以前のようにジムにコンスタントに週3~4回の頻度で通えるようになっても、これまでやっていた自宅でのトレーニングも並行して継続すると思う。2カ月ぶりにジムに行っても筋力があまり落ちていなかったので、自宅トレーニングもバカにはできないと感じた。

しかし、ジムにはジムでしか得られない刺激がある。トレーニングは長く続けていくもので、しっかりと館内ルールを守りつつ、これからもジムに通いたいと思う。

〈2020年7月&8月を再編集〉

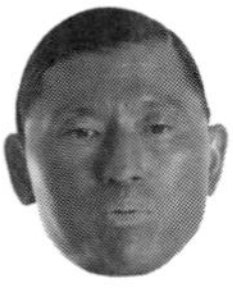

新米パパのトレーニング事情

2020年5月に父になった。新しい家族は女子だ。まだまだ体は小さいが、大きくなっていくと、長時間抱きかかえることがシンドくなってくるかもしれない。これから家庭内での力仕事も増えていくだろう。この先、娘の存在はトレーニングの大きなモチベーションになってきそうだ。

オムツを替えたり風呂に入れたりするときには、背中を丸めた不自然な姿勢を取ることが多い。その際は、できるだけ胸を張り、膝関節ではなく股関節からしゃがむようにしている。

ベッドから持ち上げて抱きかかえるときも、腕だけではなく背中、尻やハムストリングといった筋肉も使うように意識している。デッドリフトの要領ですな(笑)。成長していくにつれて、腕だけで持ち上げるのは大変になっていくだろう。こうした体の使い方は、クミさんにもアドバイスしていこうと思う。

オムツを替えるとき、赤子の膝を伸ばした状態のまま股関節を動かすと痛めてしまうらしい。確かにそうだと思う。膝を伸ばしたままだとハムストリングが過伸展してしまいそうだ。トレーニングを続けてきたおかげで、関節や筋肉の動きが何となく頭に入っているので、それは子育てにも生かせそうだ。

育児には体力を使う。トレーニングをやっているからある程度の育児をこなせていると思う。

娘が10歳になったとき、春日は51歳だ。公園などで共に遊んだり、小学校の運動会で他の30代のお父様方とリレーや綱引きなどで勝負することもあるだろう。そこで息が上がって動けなくなったり、ハムストリングが肉離れを起こしたりするのは嫌ですな（苦笑）。

また、春日は走ることはそれほど得意ではないが、トレーニングをしていれば綱引きだったら30代にも勝てる可能性がある（笑）。春日自身は運動会で負けたところで何とも思わないだろうが、父親の勝ち負けは子どもには大きな意味を持つ。「私のお父さんは負けたからダサい」「勝ったからかっこいい」といったように。なので、勝つためにジムに通うわけではないが、どちらにしても今後もトレーニングは続けておいたほうが良いだろう。

そして夏、プールに行ったときに父親の体がバキバキだったらおもしろいと思う（笑）。時期が来たら、今よりも体をつくり込むようになるかもしれない。東京オープンくらいから絞って、7月、8月にピークが来るように調整して（笑）。しかし、夏だけバキバキになるというのは、子どもの目には不思議に映るかもしれない。「どうしてお父さんは冬になったら太るの？」「今はオフシーズンなんだよ」と（笑）。筋肉に詳しい子どもに育てたいですな。

自宅でトレーニングをやるときも、子どもを背中に乗せての腕立て伏せや、カゴに乗せてロウイング（＊3）など、我が子負荷のベタなやつは一通りやっておきたい。そこから興味を持ち、「私も筋トレをやりたい」と言ってくれるようになったらうれしい。ペットボトルなどを使った初歩的な種目を共にやってみたい。ゆくゆくは親子でジムに行くようになれば最高ですな。娘が「コンテストに出たい」と言い出したら、止める理由はどこにもない。ぜひ出てもらいたい。出場するとなったら、女子フィジーク（＊4）を勧める。

父と息子では宮田勝実さん親子がいらっしゃるが、父と娘でボディビルに取り組んでいる方はいるのだろうか？　アニマル浜口さん親子（＊5）みたいに、春日もハチマキを巻いて娘をバックアップしたい（笑）。父になって、トレーニングすべき理由がまた一つ増えた。

〈2020年10月〉

＊3 ロウイング：中腰になった姿勢で、肘を後方に突き刺すようにバーベルやダンベルを引く動作。背中の筋肉の広背筋を主に鍛えられる。

＊4 女子フィジーク：いわゆる「女子ボディビル」。2015年に「女子ボディビル」から「女子フィジーク」へと名称、規定ポーズ、ルール等が変更された。

＊5 アニマル浜口さん親子：アニマル浜口は1947年生まれの国際プロレス、新日本プロレスなどで活躍した元プロレスラー。10代からボディビルを始め、1969年には「ミスター兵庫コンテスト」で準優勝し、その後、国際プロレスに入門した。娘の浜口京子は1978年生まれの女子レスリング選手。2004年アテネ五輪でフリースタイル72kg級で銅メダル、2008年北京五輪でも同級で銅メダルを獲得ほか。レスリング経験より前の13歳から筋トレを始め、その3カ月後にはボディビル大会に出場した。

鶏胸肉2kgパックが招いた悲劇

体づくりに重要なのは「トレーニング」「食事」「休養」というが、トレーニングは継続できていても、食事と休養、特に「食事」にまで細かく気を使うのはなかなか難しい。

春日の場合、食べる系の仕事がある。大食いの企画で出てくるものは、米とか麺とか炭水化物がほとんどだ。この前食べたのは、約3kgのパエリアだった（苦笑）。貝や魚などの魚介類がたくさん上にのっていたので、せめてもの抵抗でまず初めにそれらを食べ切ったら、周りから「それはどういう食べ方なの?」と（苦笑）。一応、糖の吸収を抑えるお茶やファットブロック（*6）、CLA（*7）などを摂りつつも、こういった仕事のときはチートデイ（*8）だと思って食べるようにしている。

1週間で考えると、トレーニングよりも食事のほうが圧倒的に回数は多い。体を真剣につくりたいなら、鶏の胸肉とブロッコリーを食品保存容器に入れて常に持ち歩くような食生活を送るべきなのだが、コンテストなどの目標がないとなかなかそこまで徹底できない。食事の重要性は理解できているのだが、トレーニングほどしっかりと管理できていないのが実情だ。

もちろん、タンパク質はなるべくたくさん摂る、夜は炭水化物を控えるなど、最低限のことは心掛けている。ただこれも、一人暮らしのころのようにはいかない。なぜなら、朝や夜は家に置いてあるものやクミさんがつくってくれたものを食べているからだ。何より、わざわざ春日のためだけにボディビル飯をつくってもらうわけにもいかない。

だったら春日が家族の分も全部つくれば良いのかもしれないが、白米にスーパー大麦を混ぜて炊いて……なんてやったら、「どうして春日一人のために私までそれを食べなきゃいけないの？　あたしゃ普通の白米を食べたいわよ」と言われるに決まっている。

先日も、ハナマサ（＊9）で胸肉の２kgのパックを買って帰ったら、怒られてしまった（苦笑）。胸肉はパサパサするから、買ってくるならもも肉にしてほしいと。春日は胸肉はもも肉より脂肪分が少ないし、冷凍しておけば少しずつでも食べ切

るだろうと思ったのだが、「冷凍庫もパンパンなのに、どうするの！」とさらに叱られてしまった。

また、春日の場合、何かを食べたいと思ったとき、控えておきたい部分を別の何かに置き換えて味や雰囲気を味わうということをしている。例えばカレーライスを食べたいと思ったときは、白米をカリフラワーライスで代用しても、カレーライスの味は楽しめる。これをクミさんには「理解できない」と言われてしまった（苦笑）。

この前は糖質オフのピザを食べたのだが、生地の感じは普通のピザとは少し違ったものの、ピザ感はしっかりと味わえた。

味はピザそのもので、春日は全然イケるなあと思ったが、これもおいしくないと（苦笑）。そう言われてしまうと、たくさん買って冷凍庫に保存しておいても、それらはクミさんからは「邪魔なもの」に認定されてしまう。

幸いにも冷蔵庫に保存しているプロテインに関しては、まだ文句は言われていない。ホエイとカゼインの2種類で冷蔵庫1段分を使ってしまっているので「邪魔」と言われることもあるが、春日はまだ理解してもらっているほうなのだと思う。

けれども、これから子が大きくなっていって離乳食をつくるようになったら、大人の食事は二の次、三の次になるだろう。冷蔵庫、冷凍庫も子のための食材でさらにパンパンになっていく。そうなったら「ビル飯（*10）つくってくれ」などとは、絶対に頼めない（苦笑）。食事は今後の大きな課題ですな。

〈2021年2月〉

*6 ファットブロック：食事の際に無駄な脂質をブロックするダイエットサプリメント。食事の前に摂るのが効果的。ゴールドジム製品。
*7 CLA：共役リノール酸。脂肪細胞に脂肪を蓄積させない働きで注目された栄養素。
*8 チートデイ：ズルの日。ダイエット中における「好きなものを自由に食べていい日」を指す。
*9 ハナマサ：関東地方に展開するスーパーマーケット。「肉のハナマサ」としても知られる。
*10 ビル飯：ボディビルダー用の食事。高タンパク、低カロリー。

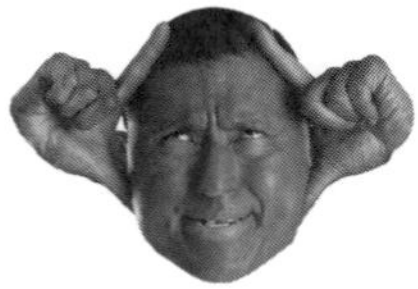

「家庭」と「トレーニング」は両立できるか

風呂なしアパートでの一人暮らしが長かった春日は、いわゆる〝普通の生活〟というものをあまり知らなかった。毎朝決まった時間に出勤したり、満員電車に乗ったりなどの経験もない。まるでオオカミに育てられた少年のごとく一般社会との接点がない環境で日々を送っていた。

そんな生活もここにきて変化しつつある。２０２１年の４月からは朝８時に起きて、クミさんと一緒に子を保育園に送るようになったのだが、これが結構楽しい。

朝、人が駅に向かって歩いていく光景を見て、これが人間の世界なのだと（苦笑）。今まで目の当たりにすることのなかった〝人の暮らし〟に触れられることが新鮮で、若干の違和感を覚えつつも、そこにおもしろさを感じている。

ただ、春日にとって「朝８時」は早朝の部類に入る。９時に子を送って、自宅に戻り、そのあと仕事に向かう時間が11時だったり12時だったりすると、もう1回寝てしまう（苦笑）。

　すると何が起こるのかというと、ジムに行く時間がなくなるのだ。以前なら仕事が12時入りだった場合は、現場に近いゴールドジムに10時半くらいに到着すれば1時間ほどトレーニングができた。逆算すると10時くらいに自宅を出発することになるので、9時半ごろに起きれば間に合う。

　これが8時に起きるようになった今は、ジムに行くにしても早過ぎるのでどうしてももう1回寝てしまうのだ。また、「30分くらいしかできないのなら……」とジムに行くのを諦めてしまうことも多々ある。今のトレーニング頻度は週に2、3回ほど。3回行くことができればいいほうである。

　30分しか時間がなくてすべての種目をこなせないのは、何だか気持ちが悪いものだ。そうしたときに、短い時間でもとにかくジムには行ったほうがいいと考えるか、それとも30分くらいしかできないからやめておこうと思うか。

　今は後者に心が傾くことが多い。すると「今日はジムに行かなくていい」と、少し楽な気持ちになる。怠《なま》けているわけではない。本当はジムに行きたいのに時

間がないから、行けない。これは仕方がないことなんだと。

トレーニング継続には何が必要か

とはいえこのままではいけない。春日は時間がないことをトレーニングを休む免罪符にしている。たとえ30分しか時間がなくても、ジムには行ったほうがいい。

そこでカギになるのがモチベーションだ。これは始めた当初から今でもそうなのだが、春日はトレーニング自体に楽しさを感じたことはない。トレーニングを習慣化している人はよく「歯磨きみたいなもの」と言うが、春日は歯磨きも面倒臭いと感じるタイプなのだ。

しかし、「歯を磨きたくない」ということではない。本当に嫌で、絶対にやりたくないということではないのだ。トレーニングもそのような感じで、根っから嫌ではないから続けているという感覚だ。どうすればトレーニングが心から楽しくなるのか？　これは春日にとって長年の課題だ。

なかやまきんに君のＹｏｕＴｕｂｅチャンネルに出演していたケンドーコバヤ

シさまは、動画の中で「今では脚のトレーニングも楽しくなった」とおっしゃっていた。そう語れるケンコバさまをうらやましく思う。
一方で、豆タンク選手（杉中一輝《かずき》選手＊11）の動画を拝見すると、かつては楽しかったトレーニングが楽しくなくなったと。でも、この2年間で体はすごく大きくなっていると。なるほど、こういうパターンもあるのかと思った。

楽しいと感じているうちは本気で追い込めていないのか？　それとも楽しいからこそハードなトレーニングを続けられるのか？　このように考えが迷子になっているのは、春日の中でトレーニング哲学がまだ出来上がっていないからだろう。

一つ気づいたのは体がデカくなると見た目がおもしろくなるということだ。春日はおそらく、おもしろくなりたいという願望があるから、今までトレーニングを継続できているのだと思う。これからもっともっとデカくなっていきたい。

〈2021年11月〉

＊11　杉中一輝選手：1999年生まれ。小柄ながらみっちりと詰まった重厚感あふれる存在感抜群な筋肉から「豆タンク」の愛称で知られる。「ジュラシック」の異名を持つボディビルダー、木澤大祐の愛弟子であり、2022年には日本ボディビル選手権に初出場。若手の注目株。

第6章
人間・春日俊彰

悔し泣き、うれし泣きをしてみたい

たとえそこで笑いが生まれたとしても、「敗北」というものはやはり心地の良いものではない。ボディビルで予選落ちしたときも、レスリングで負けたときも、悔しさを感じた。

レスリングで1回戦負けを喫したときは、春日よりもコーチたちのほうが残念がってくださった。顔を合わすたびに「すみません」という言葉をかけられた。それを聞いて、申し訳ない気持ちでいっぱいになった。

ふと考えてみると今までに春日は「悔し泣きをした」という経験がない。K-1の試合に出て負けたときも、泣くことはなかった。

初めて東京オープン選手権に出場した際にも、リミット体重を下回るくらい必死で減量したのにもかかわらず、予選落ちしてしまったのに、一滴の涙も出なかった（苦笑）。

つまりそれは、何をやるにしてもそこまで本気で取り組んでいないということなのだと思う（笑）。ボディビルにしてもレスリングにしてもフィンスイミングにしても、自分の中身が空っぽになってしまうくらいまで追い込み切れていないのかもしれない。

逆に、うれしくて涙が出たということもない……。プラスの方向にもマイナスの方向にも感情を振り切ったことがない（笑）。それはスポーツだけではなく、お笑いに関しても同様だ。

それは、春日がネタを書いていないからだと思う。ネタを書く人は、そこに自分の全存在を懸ける。

そして、全存在を懸けて書いたネタが舞台でウケると自分自身が肯定された、スベると否定されたような気分になるらしい。

それはまさに「自分を懸ける」ということだと思う。ボディビルも、ステージに立って優勝するということを目指してトレーニングをして、大会の何カ月も前から減量をして、さらには日焼けをして……と、長期にわたって一つの競技に自分自身の存在を捧《ささ》げる。

そして、優勝できなかった、さらには予選落ちした、という結果になってしま

った瞬間に、それまで続けてきたことが全否定される。そこで泣くことができない春日は、今まで「自分のすべてを懸ける」という生き方をしてこなかったのだと思う。

「俺はまだ本気を出していない」というやつ

お笑いを始めたときも、受け身だった。それでメシを食っていくということがどういうことなのかもよくわかっていないのに、若林さんに誘われるがまま漫才をやるようになった。

どんな人でも自分の人生や存在を懸けて勝負をしなければいけない局面があると思う。そんなとき春日は、勝っても負けても「勝った」「負けた」という現象が起こっただけだと思っている。

それは必死になりすぎると結果が伴わなかったときにヘコんでしまうからだ。そういった事態を避けるために、自分の感情を無視しているのだろう。

ということは、春日は非常にネガティブな考え方をする人間なのかもしれない。

自分の中に負けたときに言い訳する部分を残している。ダメだったときのための保険をかけている。

いわゆる、「俺はまだ本気を出していない」というやつだ。「俺が本気を出したら、とんでもないことになるぞ！」「今日ダメだったのは本気じゃなかったからだ！」と、いつまでたっても本気にならないダメな大人のパターンだ（苦笑）。

トレーニングでオールアウトできないのも、そんな春日の性格が原因なのだろう。限界を超えるトレーニングを毎日のように行うことは、「絶対に日本一になってやる！」などの強い気持ちがないとできない。

どうすれば、その域に到達できるのだろうか？　一度でいいから悔し泣き、うれし泣きをしてみたい。

〈2017年6月〉

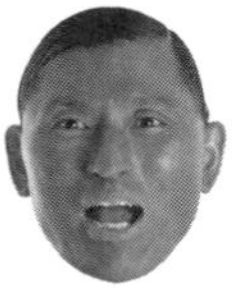

カーフのデカさに人格は表れる

トレーニング中は「コノヤロー！」という気持ちで重たいダンベルやバーベルなどを持ち上げているので、アドレナリンが出ているというか、ちょっとピリピリした精神状態にある。

そういったとき、特にジムが混んでいる時間帯には、他の方のちょっとした行動が気になったりする。自分のトレーニングに集中すれば良いのだが、ついつい周りの方たちを見てしまう。

春日は使い終わったマシンやベンチ台は、元のニュートラルな状態に戻しておきたいタチだ。インクラインベンチ（＊1）も、その種目が終わればベンチの角度を０度に戻す。

たまに、えらい急角度のままになっているときがある。これ次に誰が使うんだよと（苦笑）。あれはおそらくマーキングなんでしょうな。「俺はこの角度でトレーニングをやったんだ」と、その証《あかし》を残しておきたいという。

また、一番重たい負荷をかけられる場所を調整できるSTRIVE（PRIME ＊2）のマシン。カムを動かすことで、①動作の中間、②フィニッシュ時、③スタート時と負荷がかかる位置を変えられるのだが、多くの人が利用するであろうニュートラルなポジションは①だと思う。②や③でやって、①に戻さずにそのままになっていると「おや!?」と感じる。

そして、STRIVEのマシンについている約2・5kgのドーナツみたいな小さいプレート。通常のプレート1枚分（5kg）を加えると重たすぎる、かといって現状のままでは軽すぎるといったときなどの細かい負荷調整の際に用いるものなのだろうが、これをオンにしたままになっていたりすることも気になる。終わったら、ちゃんと元に戻しましょうやと（苦笑）。

ダンベルを移動させるときに蹴って動かしたり、足をのせて休憩することも絶対にダメだ。ダンベルを足で扱うって、マナー違反もいいところだ。そういう場面を目の当たりにするといつも思う、それはてめぇだけのダンベルじゃねえだろうと。

マナーの悪い人間が目に入ると、どうしても気になってしまう。例えば、ケー

ブルマシンとパワーラックを行き来してスーパーセット（＊3）をやってる人。なんで2台も占領してるのだと（苦笑）。これも絶対にダメな行為だ。

スミスマシン（＊4）のベンチの向きが逆のままになっていることも気になりますな。普通頭はこっち側だろうと（苦笑）。細かいことではあるのだが、「ちゃんと戻していけ」と思う。使ったあとは原状復帰しましょう、というシンプルな話だ。

マシンやベンチについた汗をタオルで拭かない人も気になる。こうやっていろいろなことが気になること自体が自分で面倒臭いのだが（苦笑）、他の方の行ないがいちいち引っかかることは、自分のトレーニングに集中できていないからかもしれない。

春日は、人のことよりもっと自分に対して意識を向けなければならない。

トップビルダーはマナーもしっかりしている

ボディビルのトップ選手の方々のトレーニングを拝見すると、そういった面もしっかりとされていることがすごいと思う。ベンチプレスを行なうときはシートの上にタオルを敷き、終わったあとはちゃんと汗を拭き取る。そういった場面を見ると、トップ選手のトップ選手たるゆえんを感じる。

トップビルダーの方々は、マナーもしっかりとされている。トレーニングに真剣に取り組むと、みなさま、マシンやダンベルなどの扱いが丁寧で、きれいなトレーニングをされている。ダンベルプレスを行なって、そのまま床にドン！とダンベルを落とすような人はいない。

いろいろと学び、視野が広がって「ダンベルを雑に扱ってしまっていた」などにも気づいて自分を正していったのかもしれない。

そして、きれいなトレーニングをされている方は、下半身もしっかりと鍛えられているように思う。カーフ（＊5）がデカい人は絶対に！マシンやダンベルなどの扱いが丁寧で、マナーもしっかりとしている（笑）。カーフのデカさは、その人の人格の表れだと思う。

〈2018年10月&2022年6月を再編集〉

＊1　インクラインベンチ：バックシートや座面の角度を調節できるトレーニングベンチ。角度をつけることで、フラットベンチでは効かせられない筋肉の部位を鍛えやすくなる。
＊2　STRIVE（PRIME）：高機能な施設用のウエイトマシンのブランド。
＊3　スーパーセット：拮抗する筋肉群同士を鍛えるために、連続で交互に休憩なしで何種目か続けて行なうトレーニングを指す。
＊4　スミスマシン：バーベルがレールに固定されていて、そのレールに沿ってバーを上下に動かすことができるトレーニングマシン。
＊5　カーフ：ふくらはぎ部分の筋肉を指す。カーフを構成しているのはヒラメ筋と腓腹筋。

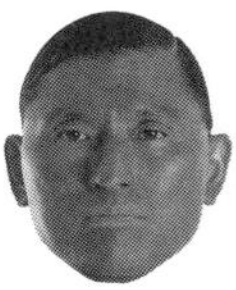

鍛えられた下半身は何を示すか？

ボディビルダーとして、気になる部位はやはり脚だ。ボディビルを始めたばかりのころに、誰かに「ビルダーは下半身を見るのです」と言われたことがあり、それ以来意識している。脚のトレーニングはもちろん好きではないが（苦笑）、脚のトレーニングへの意識は早い段階から持っていたと思う。上半身と比較すると、下半身は強いほうだ。

一般的には脚は太いよりも、細いほうが好まれる。しかし、我がボディビル界では太い脚は尊敬の対象となる。そのような世間から理解されづらいところが、ボディビルのおもしろさであり、すごみでもある。春日が好きな部分だ。

春日は、傍《はた》から見ていてまったくすごいと思われないことを自分の中で極め、これがわからない君たちとは違うのだと勝手に思うことが昔から好きだ（苦笑）。

高校生のときに友人と、「冬にコートを着るやつはダサいのではないか？」という話になったことがあった。そこから春日とその友人は、冬の間コートを着ず

に登校を続けた。

外見は、寒い冬の日にコートを着ていない人のほうが明らかに変である（苦笑）。しかし、寒さを我慢してコートを着ない春日たちはすごい、君たちとは違うのだと（苦笑）。これはキツいトレーニングをやり込んで脚を太くするということと似ているかもしれない。だから、ボディビルという競技は、春日の性に合っているると思う。

ジムで男女でトレーニングをしている人々を見ると、反射的に腹が立つ。「クソが！」と思う（苦笑）。けれども、スクワットラックで脚のトレーニングをやっている男女は別だ。非常に好感が持てる。

この前、バンドか何かをやっていそうな、見た目がホストっぽい男子がジムにいたのだが、下半身を見てみるとなかなか大したものだった。その瞬間に好感を持った。「お、しっかりとやってるじゃない！」と（笑）。実際にトレーニングをちらちらと見ていたら、スクワットなどで下半身をやり込んでいた。見た目とのギャップもあったので、「君はボディビル側の人間かい？」と話しかけたくなるくらい好印象を抱いた（笑）。

トレーニングを始めたばかりのような人でも、下半身をしっかりとやっているところを見ると「いいね！」と思う。応援したくなりますな。

世間の理解を超越したところで自分を追い込む

逆に、強面《こわもて》でタンクトップを着て上半身の筋肉が発達していても、脚が細い人を見ると「雑魚《ざこ》が！」と思う（苦笑）。例えばジムでよく顔を合わせるのだが、この人がスクワットをやっているところを見たことがないとする。もうその時点で残念だ。何なら言いに行くかもしれない、「下半身ってやってます？」と（苦笑）。春日が利用しているゴールドジムの店舗は、曜日と行く時間によって、来ている方々がだいたい一緒となる。

その中で「あいつは下半身やっていないな」と思われるのが嫌なので、脚の日ではないのに脚を追い込んだりすることがある。脚のトレーニングをやっていないとナメられるのではないかと（苦笑）。ノートを見返して、ここでは上半身しかやっていないな、というときはあえてルーティンを崩して脚に切り替える。

周りから見たら「なんだそれ？」と思われる価値観であることはわかっているが（苦笑）。

一生懸命に脚を太くして、必死の思いで減量して、肌も黒く焼いて、大会当日は裸に面積の小さいパンツを穿いて大勢の人前に出る……。世間の理解を超越したところで命を削り徹底的に自分を追い込むボディビルは、素晴らしい競技だと思う。

〈2019年5月〉

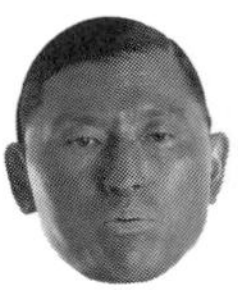

コロナ感染と自宅療養中の謎行動

2022年の冬、体に軽い違和感を覚えたのは1月18日火曜日のことだった。夜、仕事を終えて自宅に戻ったが、なんだかいつもより寒いなと。これは熱が出る前兆かもしれないと思い、早めに就寝。

ところが翌19日の水曜日、確か朝の8時半くらいだったと思うが、ふと目が覚めるとどうも熱っぽい感じがした。

当時、水曜日の昼に『ヒルナンデス!』の2時間の生放送があり、そのあと『あちこちオードリー』(＊6)の収録が控えていた。自宅を出るまでにはまだ時間がある。

さて、どうしたものか。熱さえ下がれば生放送は何とか乗り切れるかもしれないが、『あちこちオードリー』は1時間半の2本分の収録だからちょっと厳しいか、そもそも体調が悪いのだから休んだほうが良いのだろうか?など、いろいろと考えた。しかし、時期が時期だけに、早めに状況を伝えておいたほうがいいだろう

と、マネジャーにすぐに連絡を入れた。

すると「それは休みましょう」ということになり、病院に行ってPCR検査を受けてみたところ、結果は「陽性」。約10日間の自宅療養に入ることになった。

ここからしばらく仕事は休みだ。1週間分ほどのスケジュールは何となく把握できているもので、「ラジオの生放送はどうなるのか?」「あの日は朝からロケだな」「エアロビクスの練習もしばらくできないぞ」……と、まず仕事のことが気になった。

しかしどんなに考えたところで、熱が出た時点で仕事に行くことは無理だ。幸いにも症状は2日ほど熱が出ただけで済んだ。以後は悶々《もんもん》としないよう、無理なものは無理と割り切り、気持ちを切り替えて過ごすようにした。

『キン肉マン』全巻並べてみたが…

その間、クミさんと子は実家に戻ることに。春日は久々の一人暮らしとなった。学生のころに家族がみな旅行か何かで出かけて、春日だけが家に残ったときのような感じだった。なんだか無性にワクワクした（苦笑）。

何をやろうか……といろいろ考え、悩み抜いた挙句、まず初めに『キン肉マン』のコミック全巻（＊7）を床に並べてみた（苦笑）。時間はたっぷりあるし、1巻ずつ一気に読んでいこうじゃないかと。

これをまず、フローリングにきれいに並べたかった。1列に10冊ずつ並べると列が増え、カーペットに被ってしまう。ということは1列12冊ずつにしたほうが良いのか？……と、そんなことをやっているうちに結構な時間が経ってしまい、ようやく並び終えたところでクミさんから連絡が。自分たちも症状が出たのでこれから自宅に戻るとのことだった。結局、春日は『キン肉マン』を並べただけで、1冊も読むことなく一人暮らしを終えることになった（苦笑）。

その後、自宅療養中は3人で過ごすことになり、春日だけが寝ているわけにもいかないので（苦笑）、子と共に朝9時には起きるという規則正しい生活をするようになった。夜も早いときで23時には寝ていた。

まったく体を動かしていないので寝つきが悪くなるかと思いきや、そんなこともなく、夜になったらちゃんと眠たくなった。特に次の日の予定もないので、試

しに目覚まし時計をセットせずに床に就いてみると、10時間くらい寝てしまうこともあった。年齢を重ねると長い時間寝ていられなくなるらしいが、春日は今でもこんなに眠ることができるのだと驚いた（苦笑）。

さらにそのまま放っておいたら何時間くらい寝ていられるのか、長い休みの間に一度試してみたかった（苦笑）。

〈２０２２年４月〉

＊6　『あちこちオードリー』：事前アンケートなし、打ち合わせなしのフリートークバラエティ。２０１９年10月5日から放送されているテレビ東京系番組。「ギャラクシー賞テレビ部門　２０２１年６月度月間賞」受賞（6月2日、9日、16日、7月20日の放送回）。

＊7　『キン肉マン』：漫画家ゆでたまご氏による人気作品。１９７９年22号から１９８７年まで『週刊少年ジャンプ』で、２０１１年から『週プレＮＥＷＳ』、２０１９年からは『週刊プレイボーイ』で連載されている。まとめられたコミックスは全85巻（２０２４年７月４日時点）。１９８５年に小学館漫画賞受賞。１９８１年にテレビアニメ化。その後、『キン肉マンII世』などキン肉マンシリーズとして展開され、シリーズ累計発行部数は７７００万部を突破している。

適応能力が高すぎるがゆえの受難

春日はどちらかといえば適応能力は高いほうだと思う。どんな状況にも比較的すぐに慣れてしまう。

新型コロナに感染して10日間の自宅療養を余儀なくされたときも、暇すぎて困るかしら？　と思ったものの、テレビを見たり、ゲームをしたり、レコーダーに撮り溜《だ》めしてあった映画をディスクにまとめて整理したりと、それなりにやることを見つけて過ごしていた。

そうはいっても、10日間もジムに行くことができないということは、かなり長い。これだけトレーニングができなくなるのは２０２０年の自粛期間以来だ。そのときにヨガマットやチューブなど買っていたのだが、やはり、自宅でできるトレーニングはたかが知れている。また、ジムほど集中ができない。

だったら、「まともなトレーニングができない……」と中途半端に悶々と過ごすよりも、スパッと諦めてしまったほうがまだマシだ。できないものは、最初か

らやろうとしない。多少は筋肉が落ちたとしても再開したらすぐに戻るだろうと、自分のマッスルメモリーに期待して、トレーニングのことは一切考えないようにした。

そうなると食事には気を付けなくてはいけない。ここで調子をこいて毎日腹いっぱい食べると太ってしまう。

食事の量はいつもの半分くらいにとどめ、3食以外はあまり口にしないようにした。自宅には菓子があるのだが、これを危機感なく食べてしまうと〝菓子を食べる生活〟が当たり前になってしまう。トレーニングもせずに、菓子を食べながら毎日ゲーム。最悪だ。

幸いにもほとんど体を動かさずに過ごしていると、腹はあまり減らなかった。朝からロケーションに出ているときなどは、「このあとも収録があるし」「腹が減ったら集中力が落ちる」などと食べられるときに弁当を食べるようにしているが、特に何もやることがない生活の中では、「ここで食べておかないと」というタイミングがない。

腹が空くわけでもないので、昼食を食べ忘れたことも何度かあったぐらいだ。

食事の量に関しても、我慢して減らしていたわけではないため、食生活は特に苦にはならなかった。

結果、太るどころか療養明けには2〜3kgほど体重が減少することに。筋肉が減ったのか脂肪が減ったのかはわからないが、体形はそれほど変わらなかった。

気持ちよりも先に体が悲鳴をあげる

しかしながら、普段はあまり思わないのだが、ケーキやアイスクリームなど甘いものが無性に食べたくなった。缶コーヒーもいつもは無糖だが、微糖を飲んでみたりした。

それらは一種のSOS信号だったのかもしれない。なぜなら、どうも体が痒《かゆ》いと思ったら内腿が真っ赤になっていて、調べてみたら蕁麻疹《じんましん》だった。ベランダに出てしばらく外を見ているうちに症状が和らいできたので、何もやらない生活に実はかなりのストレスを感じていたのだと思う。

春日は昔からそうなのだ。ファミリーレストランで事務所の先輩から夜にお説

教をいただき、翌日の昼くらいまで延々と続いたことがあった。春日自身は「長いお説教だったなぁ……」と感じた程度だったのだが、自宅に戻り寝て、起きたら体中に蕁麻疹ができていた。お医者さまに診てもらったら「何か強いストレスを受けましたか？」と（苦笑）。そこでようやく「あのお説教はキツいと思っていたのだな」と気付いた。いつも気持ちよりも先に体が反応してしまうのだ。

この10日の間は、蕁麻疹が出たり、治ったりを繰り返していた。療養期間が明けた日、すぐにジムに行ったのは言うまでもない（苦笑）。あとは甘いもの。ジム帰りにあんみつも買いに行った（苦笑）。

〈2022年5月〉

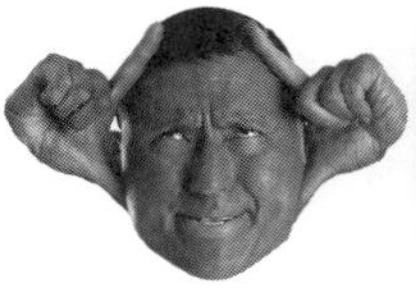

春日にとっての「贅沢」とは何か

フィットネスがブームだと言われるが、コンテストのカテゴリーが増え駅前には必ずといっていいほどジムがあるなど、トレーニングをすることはもはや定着してきたというか、少なくとももうブームではなくなったような気がする。ジムに通って体を鍛えることがもう特別なことではなくなってきましたな。

『ダウンタウンDX』の「カラダ自慢SP」(＊8)に出演させていただいたときのこと。〝筋肉枠〟として元阪神の糸井嘉男さん、おばたのお兄さん、そして春日が出させていただいたのだが、以前より我々ももうそれほど変わった目では見られなくなっていると感じた。

打ち合わせの際に「1日に2回プロテインを飲んでいる」と言っても、以前なら「そんなに飲んでるんですか!?」と驚かれたが、今は「へぇ～」くらいの反応だ(苦笑)。米の代わりにブロッコリーを食べていると言っても、「そうなんですね」程度のリアクションしか返ってこない。

他の鍛えている人々と比べて、よほど特別なことをやっていないと興味を引けなくなってきた。トレーニングが「好きな人たちだけがやっているもの」ではなくなってきたので、筋肉タレントに求められるハードルが上がったように感じる。

プロテインもホームセンターや量販店などで普通に売られるようになってきた。HMBCやクレアチンなどマニアックなサプリメントはまだ見かけなかったりするが、これらも数年後に店頭に並ぶようになるかもしれない。

コンビニエンスで販売されている高タンパク食品もかなり種類が豊富になってきた。もう立派な産業として成立していますな。

だからジムの終わりにプロテインを携帯していなくても、今はコンビニエンスに行けば何らかの高タンパク食品を入手できる。

自分へのご褒美は年に1回くらいある

春日には収録の合間など、急に時間が空いてしまうときがある。そのような空き時間にゴールドジムに行ってトレーニングをすることがあるのだが、その場合、ジムに行くことを想定していなかったので当然、プロテインは持ち合わせていない。

そこでいつも迷う。以前にも話したが、ジムのラウンジでプロテインを飲むか、コンビニエンスで高タンパク食品を買うか、と。

トレーニング後には60gほどのタンパク質を摂りたい。もちろん、ラウンジでプロテインを買って飲んだほうが楽だ。しかし、コンビニエンスであれとあれを買ったら○○円くらいだな……と、トレーニング中、プロテインを忘れた日はいつも計算している（苦笑）。なぜなら選び方によってはコンビニエンスで買ったほうが安い場合があるからだ。

だからコンビニエンスのほうを選んでしまうことが多いものの、ごくまれに、今日はいいかと思ってしまう日もある。細かい計算はもうやめて、ラウンジで飲んでしまおうと。何なら、思い切ってグルタミンやクレアチンなどもトッピングしてしまおうかと。ラウンジのあの高いイスに座ってプロテインを飲むと、何物にも代えがたい贅沢を感じる。

店舗によっては季節限定のオリジナルがある。例えば夏限定のミント味などだ。そのような張り紙を見て何か惹《ひ》かれるものがあったときは、飲んでしまうこともある。

また、時間に余裕があり、決められたトレーニングメニューをすべてやり切ったときには、ご褒美的な意味合いで飲むことが年に1回くらいある。しっかりとトレーニングをしたのだから、こういうときは贅沢させてあげても良いだろうと。もちろん、できなかった種目があった日などは絶対に飲めない。最後までトレーニングを行なえなかった自分に贅沢をする資格などないからだ。

ラウンジのプロテインは、やはり美味い。自分でつくったものよりも。ダブルチョコレートやミックスベリーなどを低脂肪乳で割ってもらったりすると、本当にシェイクのようだ。

これを持ち帰りにして、移動中の新幹線の中などで飲むと、本当に贅沢な気分を味わえる。トレーニング後の極上のひとときだ。

〈2024年1月〉

＊8 『ダウンタウンDX』の「カラダ自慢SP」：2023年11月9日放送。正式名は「異常にカラダにこだわる芸能人大集合SP」で芸能人が実際に実施している美容や健康法を語る。日本テレビ系。

あとがき

今の「オードリー春日」の一般的なイメージは、２０１４年に『炎の体育会ＴＶ』の企画でボディビルコンテストに挑戦したことが大きく影響していると思う。番組ではフィンスイミング、レスリング、ウエイトリフティング、エアロビクスなどいろいろな競技に挑戦させていただいたが、このような長い時間をかけて練習し、公式の試合に出場するという企画は、ボディビルが最初だ。

筋肉芸人の枠で番組に呼んでいただけるようになったのは、そこからだ。それ以前の春日には、運動のイメージはあまりなかったはずである。

まず、世に出てきたばかりのころの春日は、「偉そうにしていて何だかよくわからないやつ」といった印象だったと思う。そして「体が丈夫そう」「ケガをしなさそう」という印象から、格闘技の試合に出るなどの体を張る仕事をいただくようになり、その次が「海外ロケ」。番組の企画でアフリカまで行き、現地の民族の人たちと棒でしばき合う、といったことをやってきた。そのような経緯があってのボディビル挑戦だった。

　このように振り返ってみると、「体を張る、何だかよくわからない偉そうなやつ」というところからスタートし、そこにいろいろな要素がプラスされ、今の「オードリー春日」の姿に至ったということなのだろう。

　そしてその道は行き止まりになったら別のルートを探すというものではなく、すべてはつながっていて、一本の線の上にあるように感じる。

　春日は番組の企画で「ボディビル」を与えられ、そこからトレーニングを開始した。もしボディビルではない、別の何かを与えられたとしたら……、今ごろ春日はどうなっていただろう？　そう考えると春日の芸人人生の中でボディビルとの出会いは、非常にデカい出来事だと言える。

　また、トレーニングを始めた2013年ごろは体を鍛えるということが今ほど一般的ではなく、街なかのジムの数もそう多くはなかった。そのような時代にボディビルを始められたことも、春日にとって幸運なことだったたと思う。

　ボディビルを与えられなかったもう一つの世界線の春日の日常がどのようなものになっていたのか、それを知る術《すべ》はないが、少なくとも今の春日は楽しく日々を過ごせている。ボディビルというアイテムを手に入れることができて本当に良かった。
春日にとって初の著書となるこの本、読んでいただいた読者諸君が、何かしらの気づきを得られたならば、うれしい限りである。

2025年1月吉日

ボディビルダー・春日俊彰

［構成］
藤本かずまさ（プッシュアップ）

［装幀］
金井久幸（TwoThree）

［撮影］
岡部みつる

［ボディカラーリング］
森本恵理（ヴィーナス）

［ヘアメイク］
鷹部麻理（G・FORCE）

［スタイリング］
福田幸生

［撮影協力］
ゴールドジム東陽町スーパーセンター
IRONMAN編集部（フィットネススポーツ）

［編集協力］
佐藤大介（ケイダッシュステージ）
石澤鈴香（ケイダッシュステージ）

［編集］
加々見正史（徳間書店）

初出：『ＩＲＯＮＭＡＮ』連載「オードリー春日のボディビル日誌　マッチョでトゥース！」
２０１４年11月号～２０２３年６月号から抜粋、修正及び加筆、再構成を致しました。

春日と筋肉

マッチョでトゥース！な10年史

春日俊彰（かすが・としあき）

1979年2月9日生まれ。埼玉県出身。血液型B型。2000年に高校の同級生である若林正恭と共にお笑いコンビ「オードリー」を結成。2008年「M-1グランプリ」準優勝。2014年に「第22回東京オープンボディビル選手権大会」の75kg超級に出場し、予選敗退。翌2015年に同選手権の第23回大会の75kg級に出場し、5位入賞。さらに翌2016年にも同選手権の第24回大会の75kg級に出場し、予選敗退。2015年には「フィンスイミングワールドカップマスターズ2015」に出場し、団体種目で銅メダル獲得。2021年には「全日本エアロビクス選手権大会」の一般ペア・グループ部門にフワちゃんと出場し、銅メダル獲得。2024年2月18日に開催された『オードリーのオールナイトニッポンin東京ドーム』は約16万人が視聴し、世界一観られたお笑いライブとしてギネス世界記録™に認定された。身長176cm、体重84kg。

第1刷　2025年1月31日

発行者　小宮英行

発行所　株式会社徳間書店

〒141－8202

東京都品川区上大崎3－1－1

目黒セントラルスクエア

電話　編集（03）5403－4344

販売（049）293－5521

振替　00140－0－44392

印刷・製本　三晃印刷株式会社

ISBN978－4－19－865831－1

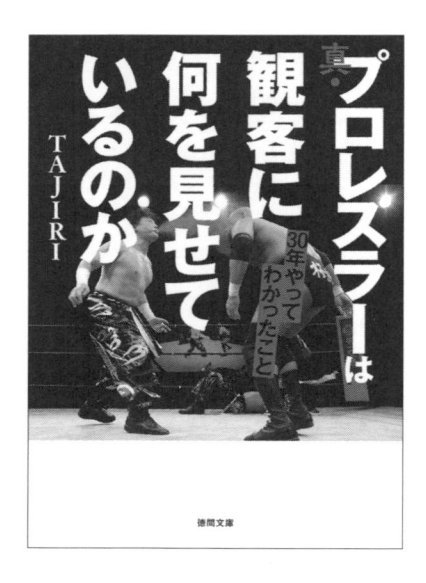

徳間書店の本

好評既刊！

ともだち

めんどくさい奴らとのこと

ゲッツ板谷

お近くの書店にてご注文ください。